IDENTITING

Un paradigma emergente en la gestión

Santos Hormazábal

IDENTITING

Un paradigma emergente en la gestión

PRIMERA EDICIÓN
Noviembre 2023

Editado por Aguja Literaria
Noruega 6655, dpto. 132
Las Condes - Santiago de Chile
Fono fijo: 56 - 227896753
E-Mail: contacto@agujaliteraria.com
www.agujaliteraria.com
Facebook: Aguja Literaria
Instagram @agujaliteraria

ISBN
9789564091013

Nº INSCRIPCIÓN:
Rjymfq

TAPAS:
Imagen: Santos Hormazábal
Diseño: Jimena Cortés

Red creativa en la práctica:

Kintaxión - Chile
Katherine Mollenhauer G.
PhD. Diseño.
Especialista en Diseño estratégico.
Chile

Magister en Diseño para los Territorios
Universidad de Cuyo, Argentina.

Rizoma - Colombia
María Andrea Santos E.
Diseñadora.
Especialista Identidad y Gestión de Comunidades.

"Investigación en Diseño de Servicios mediante
Diseño Estratégico"
Proyecto financiado por Fondo Nacional de
Desarrollo Cultural y las Artes (FONDART) 406340.

Agradecimientos:

S-G
El-M
K-H
Kyn
Y-MM
J-M
A-J
M
R
G
U
M
Z
J
Ch
L

ÍNDICE

Introducción

Identiting es una teoría que responde a los fenómenos emergentes actuales, útil para gestionar iniciativas de transformación de situaciones complejas, donde están en movimiento el pensamiento estratégico y los procesos co-creativos de innovación.

Identiting resume parte del conjunto de transformaciones que han cambiado la forma de concebir y hacer gestión, en un contexto donde emergen con fuerza la economía de la atención, y los procesos co-creativos al interior de empresas, comunidades y redes de valor en territorios. En este sentido, los contenidos de este libro colaboran con la instalación de capacidades para manejar una mayor complejidad, en una realidad sujeta al surgimiento de nuevos paradigmas y acuerdos humanos.

Identiting está basado en un nuevo paradigma respecto a la identidad: en su naturaleza cuántica. Esta perspectiva describe la dinámica en que los seres humanos realizamos una continua actividad cuántica creativa en lo cotidiano, en forma consciente o inconsciente, la cual determina dramáticamente la calidad de nuestra experiencia diaria.

El contenido del libro describe fundamentos que explican la naturaleza de un fenómeno de la identidad inmerso en las dinámicas del campo cuántico. Estos conceptos son recogidos desde la ciencia básica de la ingeniería, la física fundamental, la mecánica cuántica y la teoría de sistemas. Desde la concepción del fenómeno de la identidad como campo, surge la noción de un paradigma emergente en el ámbito de la gestión.

El viaje de este escrito termina con la descripción de la forma en que los instrumentos clásicos de gestión, mediante aportes novedosos provenientes del Diseño, la Comunicología y la Dramaturgia, están permitiendo abordar la alta complejidad de los procesos de innovación en distintos contextos del ritmo actual de transformaciones en curso. En este sentido, el contenido consiste en una exploración del pensamiento que acerca la naturaleza del campo cuántico a nuestra experiencia cotidiana. Además, nos sugiere considerar la dinámica cuántica en el despliegue del poder creativo que realizamos, momento a momento, en la aventura diaria de nuestras vidas.

1. El ojo que todo lo ve

"Si miras fijamente al abismo,
el abismo te devuelve la mirada".
Friedrich Nietzsche

Desde el momento en que la ciencia empezó a modelar el átomo, comenzó a derrumbarse la objetividad absoluta que, hasta ese momento, nos ofrecía nuestro sistema de percepción. El átomo es un sistema donde el 99.99% del volumen es espacio, de manera que cuando pasamos la mano por una superficie, nuestro sistema neuronal nos presenta la ilusión de una experiencia material, cuando en realidad existe un enigmático vacío.

Tal dilema respecto de nuestra interacción con una realidad aparente no se detuvo ahí. A continuación, surgió la pregunta sobre la forma en que se configura nuestra experiencia misma. Es decir, sobre aquella realidad compuesta, por un lado, de un parque de objetos como celulares, mesas, guitarras y edificios, y por otro, del cúmulo de vivencias humanas que ocurren al interior de ese paisaje. Eso se lo debemos a la física cuántica. Ella nos heredó una forma bastante inverosímil de ver nuestro mundo: una realidad donde todas las cosas ocurren al mismo tiempo, y donde las partículas subatómicas configuran universos.

Dentro de esta área de conocimiento, el experimento de la doble rendija es, por lejos, el evento que ha moldeado más radicalmente la forma en que los humanos podemos concebir nuestra realidad. Es bastante sencillo en apariencia. En simple, el sistema consta de un emisor de partículas, una placa con dos rendijas y una pantalla que recibe lo que pasa por las rendijas. Desde un punto de vista de "realidad clásica", si se lanza un conjunto de partículas a través de las rendijas, al llegar a la pantalla dibujarán dos líneas paralelas. Es decir, se obtendría una proyección directa de las rendijas. Lo extraño es que este resultado se obtiene solo en aquellos casos en que hay un observador midiendo la trayectoria de las partículas. En las oportunidades en que no hay observador o sensor, las partículas dibujarán en la pantalla un conjunto de franjas, en un patrón parecido a un código de barra. Este espectro de franjas, denominado "patrón de interferencia", es característico de aquellas situaciones en las que pasa por las rendijas un fluido, esto es, una onda y no partículas.

Este experimento fue diseñado para identificar la naturaleza ondulatoria de la luz a principios del siglo XIX, por el brillante Thomas Young. Desde entonces, ha sido determinante en la investigación de la misteriosa naturaleza dual onda/partícula de la materia subatómica en general. Se concluye que, cuando se observa el comportamiento de una partícula, esta colapsa como unidad física, pero si no se observa, se comporta como onda. Pero el misterio es mayor, experimentos posteriores indicaron que, si onda genera el patrón de interferencia, la partícula tendría que pasar por las dos rendijas a la vez.

Algunos investigadores han tratado de engañar a la partícula de la siguiente manera: Si ubicamos el sensor a la entrada de las rendijas, se producen las dos franjas, como es habitual para el comportamiento de una partícula. En consecuencia, si instalamos el sensor a la salida de las rendijas, como la partícula no sabía que iba a ser detectada, debiera formar el espectro de patrón de interferencia. Pero no, la partícula igual genera las dos franjas, como si supiera que más adelante iba a ser observada. Esto es perfectamente coherente con la noción predominante en la física que reza que, a nivel cuántico, la flecha del tiempo no se dirige solo hacia delante como en la realidad humana de tiempo lineal. De hecho, en las ecuaciones matemáticas que constituyen el andamiaje de la física en general, no aparece la flecha del tiempo por ningún lado. Si queremos poner en apuros a un físico, preguntémosle qué es el tiempo.

Hasta el momento, no se ha podido dilucidar por qué la partícula decide aparecer en dos estados diferentes. Este colapso tampoco cuenta con su respectivo modelamiento matemático, de manera que es imposible construir dispositivos experimentales que permitan reproducir esa transición de manera controlada. Es un verdadero enigma.

La dualidad emergente desde el insondable universo cuántico sigue jugando con la frágil inteligencia humana. Es probable que lo único diferente en cada situación, es decir, la figura de dos franjas o el patrón de interferencia, sea la presencia o ausencia de un observador. En consecuencia, se sospecha que el acto de observación es lo que hace colapsar el campo cuántico. Esto significa que la conciencia jugaría un papel importante en el comportamiento de la materia, pero como no se puede medir, su existencia no entraría en el andamiaje de la ciencia. ¿Quiere esto decir que solo hasta ahí puede llegar la inteligencia? No necesariamente, la mayoría de las concepciones de la realidad que han permeado la física fundamental, como la teoría de la relatividad y la mecánica cuántica, no lo han hecho desde el interior de la ciencia. Estas propuestas nacieron en el seno de los bosques de la imaginación humana. Es importante recordar que la palabra "inteligencia" tiene una raíz que expresa "leer el interior",[1] es decir, leer lo invisible.

Todo hace pensar que el colapso de la realidad ante la observación no ocurre solo en los experimentos con rendijas. Todos los seres humanos somos observadores, en forma consciente e inconsciente, individual y colectiva. Todas

1 Inteligencia proviene del latín intelligentia, compuesto del prefijo inter (entre, interior) y el verbo legere (leer, elegir, escoger).

las posibilidades están en juego, el colapso en dos franjas es un ejemplo de infinitas formas en que se puede precipitar el universo cuántico.

Se sospecha también que la flecha del tiempo surge en el momento en que colapsa la sopa cuántica. En consecuencia, podemos decir que los humanos somos *colapsadores* del universo cuántico y creadores del flujo lineal del tiempo en un solo sentido, hacia lo que llamamos futuro. Es decir, los humanos somos *precipitadores* de realidad material y creadores de la flecha del tiempo mediante nuestra observación/atención, esto es, con nuestra mente individual y colectiva.

Lo mismo pasa con otros fenómenos, como la fuerza de gravedad. Si le preguntamos a un físico por el origen de la fuerza de gravedad, también se "pondrá nervioso". Solo se limitará a aclarar su efecto; dirá que la fuerza de gravedad no es una fuerza, sino una aceleración que sufren los objetos hacia el centro de un cuerpo masivo producto de la curvatura del espacio/tiempo, pero no explicará su origen. Es probable que aquello que llamamos fuerza de gravedad sea otro tipo de colapso cuántico, de manera que la ciencia, más allá de la investigación actual de identificación y clasificación de bosones, en el futuro también identificará, clasificará y modelará tipos de colapso cuántico.

Al parecer, mientras más masiva en términos de participación humana sea la atención, más abarcadora será la realidad colapsada que configura nuestra vida cotidiana. Los colapsos del tipo partícula generan los objetos materiales que nos rodean, mientras que otros colapsos similares al flujo gravitacional, transportan contenidos de nuestros pensamientos, dando origen a nuestra experiencia del diario vivir.

Desde esta perspectiva, los humanos vivimos a diario el colapso cuántico, pero es tan habitual que no lo relacionamos con la forma en que moldea nuestra vivencia. El fenómeno cuántico solo será consignado en la conciencia humana inmediata cuando nos demos cuenta de que de él depende nuestro estilo de vida.

Tendemos a dar por sentada una realidad material continua y permanente porque vemos árboles, edificios, mesas y computadores como objetos estables en nuestro mundo; sin embargo, hay que considerar la posibilidad de que esos objetos estén ahí debido a un colapso suspendido a través de la flecha del tiempo, generado históricamente por la mente humana individual y colectiva.

En este sentido, podemos decir que somos responsables de la presencia de los elementos que configuran nuestro bosque de objetos, algunos físicos y visibles a simple vista; otros invisibles, tales como patrones de pensamientos y significado. Al mismo tiempo, somos responsables de las cosas que nos pasan, en calidad de experiencias individuales y colectivas.

Como especie, cargamos objetos y experiencias, de manera individual o colectiva, sin una memoria clara de las causas del colapso cuántico original que precipitó el tejido de nuestra realidad. En nuestra existencia inmediata entendemos que han estado ahí siempre o que aparecen por arte de magia.

El ojo que todo lo ve es un símbolo críptico, que hace referencia a un poder oculto que tiene la capacidad de gobernar la vida de toda la población humana. Desde la perspectiva de la capacidad del observador cuántico, eso puede ser cierto. Lo que no es tan seguro, es que sea un ojo que anda por ahí afuera como algo que no tiene que ver con nosotros. Cada uno de los seres humanos es un ojo fractal de ese que todo lo ve. Por lo tanto, las realidades precipitadas son nuestra responsabilidad en forma individual y colectiva.

Esta perspectiva —esencialmente co-creativa— está dando origen a un fenómeno emergente que podríamos llamar "economía de la precipitación", donde una de las corrientes de actividad con alto nivel de consolidación en la actualidad es la "economía de la atención".[2] [3]

La economía de la atención ha surgido en el ambiente digital y se caracteriza por ser un modelo de negocio de empresas privadas, que se focaliza en la maximización de las ganancias mediante la captura de la atención de las personas. La práctica general de este modelo de negocio consiste en entregar una propuesta de valor en términos de ciertos servicios "gratuitos", con el fin de capturar la atención de la gente y su información personal, en un espacio donde los *likes* pueden llegar a ser indicadores de ámbito económico. Luego esta es tranzada en calidad de *commodity* a otros actores interesados, tales como empresas publicitarias o entidades políticas, entre muchos otros.

En consecuencia, el ecosistema donde se juega la economía ya no es solo el mercado en su entelequia consumista. Emergen nuevos escenarios en el tablero de la toma de decisiones. Uno de ellos, es el efecto que posee la atención del humano en la configuración de lo cotidiano, es decir, la atención humana en calidad de flujo de sensaciones, percepciones, significados y pensamientos. En síntesis, el espacio donde habita el poder co-creativo de todos nosotros, se está haciendo presente en las distintas dimensiones de la gestión.

---

2 Davenport T., Beck J. (2001) ACM: Ubiquity – The Attention Economy.

3 Simon (1971). Designing organizations for an information -Rich World.

2. Identidad observa identidad

"No vemos las cosas tal como son,
sino tal como somos".
El Talmud

En el aula de una universidad chilena, un profesor se encontraba impartiendo una de sus cátedras de ciencias básicas ante una concurrida audiencia de estudiantes de ingeniería. De repente, uno de ellos le interrumpe preguntando: "¡Profesor!, esto que está pasando, ¿entra en la prueba de la próxima semana?".

Quien hacía esa pregunta pertenecía a uno de varios tipos de estudiantes de ingeniería, aunque se estima que también se repiten en otras carreras de estudios superiores. Álvaro Peña[4] ha sintetizado, a partir de un gran número de estudiantes, tres categorías altamente representativas: el regalón[5], el aperrado[6] y el turista. Estas no tienen distinción de género.

Regalón o regalona, es una estudiante que transita por la carrera siguiendo un mandamiento del mínimo esfuerzo. Es altamente sociable y se le puede identificar en las inmediaciones de la zona central del aula. Parte de la clase la invierte organizando el carrete[7] o convivencia del fin de semana, a través de los grupos que integra en sus re-

4 Álvaro Peña F. es académico de la Escuela de Ingeniería en Construcción, de la Pontificia Universidad Católica de Valparaíso, Chile.

5 Un sinónimo de "regalón" puede ser "consentido". Es un modismo chileno que hace referencia a una persona muy mimada y a quien se le complace casi en todo.

6 La cultura chilena posee un amplio animalario para describir distintas cosas; "aperrado" es una derivación de "perro". Una persona aperrada es altamente resiliente, confiable y no se amilana ante nada.

7 Sinónimo de fiesta, jarana, marcha.

des sociales. Es capaz de solicitar aumento de puntaje en la evaluación de alguna prueba, porque está segura de que su respuesta amerita una mejor nota. Siempre estudia en grupo, y la forma en que concibe su desenvolvimiento profesional se relaciona con la gestión de fuerzas de trabajo en red. Es muy probable que el fin de semana, no muy temprano, su abuela le lleve desayuno a la cama porque "estudia mucho".

Aperrado o *aperrada*, es una estudiante altamente focalizada en el buen rendimiento académico y privilegia un avance meteórico por la carrera. En general se saca las mejores notas, se sienta en primera fila o donde haya un espacio tranquilo. Estudia en solitario y, con frecuencia, oficia como ayudante en asignaturas de ciencias básicas y especialidad. Es muy probable que sea padre o madre muy joven y por eso busque independizarse lo antes posible. Mediante un marcado sentido de resultado y desempeño de excelencia, se identifica con un tipo de profesional altamente especializado en algún área donde logra sistematizar con eficiencia sus procesos. Es el terror de los regalones, debido a que, cuando hace ayudantías, sus pruebas son más difíciles que las del mismo profesor.

Turista, es una estudiante distante, casi una sombra. La podemos divisar en la zona del fondo del aula donde a menudo pasa inadvertida, porque rara vez hace alguna pregunta durante la clase. Sus consultas tienden a ser intermediadas por algún compañero relativamente confiable, o formuladas a algún regalón o aperrado, quienes responden sus preguntas con agrado y fluidez, ya que siempre saben todo lo que pasa durante el semestre. Si la asignatura no le motiva lo suficiente y le va mal en la primera prueba, no tiene ningún problema en abandonar el ramo y cursarlo en el semestre siguiente, ojalá con otro profesor. Pero si la asignatura atrapa su interés, sufre una metamorfosis extraordinaria, hacia algo parecido a una aperrada o una regalona.

Estos personajes transitan por la vida siguiendo los mismos patrones. Una turista es capaz de abandonar una importante reunión de trabajo porque tiene que atender algún asunto doméstico o algo por el estilo, mientras que una aperrada y una regalona tienen esos eventos controlados. La aperrada, altamente organizada, tiene a alguien o algún servicio contratado para esos efectos. Por otro lado, la regalona siempre tiene red familiar o social que le cubre ciertos requerimientos, incluso puede ser esa misma abuela que le lleva el desayuno a la cama. Al mismo tiempo, es muy probable que esta regalona sea hija de padres muy jóvenes, presumiblemente del tipo aperrados.

Cada uno de estos personajes observa y construye su realidad en forma particular. Cada uno transita a través de un bosque de objetos con ciertas regularidades compartidas, tales como: conceptos, afectos, rutinas cotidianas, patrones de pensamientos, la ciudad, la naturaleza; incluso se puede decir que respiran el mismo aire. Sin embargo, aquellas regularidades constituyen espacios acotados de su presencia en el mundo. Al parecer, solo resultan ser conjuras específicas que permiten a los seres humanos vivir en comunidad.

Es más fácil vivir la identidad que definirla como concepto. Han corrido ríos de tinta en torno al estudio del fenómeno "identidad" y, hasta el día de hoy, no se ha llegado a una síntesis que genere cierto consenso entre las diversas disciplinas que han abordado la forma en que los seres humanos despliegan su presencia adaptativa en el mundo.

Ya alteramos la apacible vida de un físico preguntándole qué es el tiempo. De la misma forma, es posible alterar la tranquilidad de representantes de otras disciplinas preguntando qué es la identidad. Cada uno contestará algo distinto. Algunos se adscribirán a la forma individual o colectiva en que los seres humanos: i) nos identificamos con representaciones existentes en el mundo, de manera que surgen categorías como ideales, creencias, modas, conceptos y religiones; ii) otros definirán identidad desde la noción que cada persona o colectivo tiene de sí mismo. Aquí surgen categorías como género, nacionalidad, raza, humano y humano-cósmico; iii) otros lo harán en combinación de las anteriores, es decir, una identificación respecto del rol en un proceso humano, social, espiritual, planetario o cósmico, de manera que las categorías correspondientes serán del tipo activista, revolucionario, redentor o misionero.

Los seres humanos, al experimentar y observar identidad, somos entes categorizadores y asignadores de significado. En un sentido mercantilista, somos consumidores de significados, en función de nuestra auto-categorización y auto-significación. Creamos y recogemos categorías y significados del entorno, ya sea gratis o pagando por ellos. Así, la economía de la atención se basa en la transacción de significados.

De esta forma, los ciudadanos nos vemos inmersos en el uso de categorías de identidad en el campo de lo social y la política. La identidad resulta ser una especie de atmósfera envolvente, que se ve reflejada en la forma en que se estructuran los relatos públicos, a través de productos comunicacionales como la prensa, matinales televisivos o múltiples parrillas multimediales. La práctica categorizadora social y política también se evidencia en la forma en que operan los algoritmos de regulación online[8]. Estos son implementados por actores privados para la maximización

8 Lewandowsky S., Smillie L. (2020). Technology and Democracy: Understanding the influence of online technologies on political behavior and decision-making. EU.

de utilidades económicas o políticas mediante la captura de la atención de distintas audiencias.

Los algoritmos de regulación online se han convertido en potentes categorizadores de personas y curadores de contenidos, con una influencia sustantiva en la conducta de las personas al momento de buscar la maximización de la atención.

Factores externos como la notable eficiencia de los algoritmos de regulación, tienden a hacer pensar que los fenómenos que generan la conducta humana son objetivos e independientes del ser humano; es decir, actos como observar identidades, categorizar, asignar significados, comunicar, son actos posibles de realizar solo mediante procesos intensivos en información.

Ha sido larga la búsqueda de invariantes en el campo de lo social. Uno de los motivos aparentes de este interminable periplo, consiste en que "identidad", bajo distintas premisas y perspectivas, ha sido considerado un fenómeno absoluto y objetivo, independiente del observador.

Identidad puede ser solo el espectro visible de un proceso creativo que cada ser humano exhibe momento a momento. Observar la manifestación de ese fenómeno creativo en el ser humano es parecido a observar un árbol a lo largo de las estaciones.

Esta metáfora del árbol, aunque arroja nuevas miradas respecto del dilema de la identidad, es engañosa, porque posee en sí misma una perversa contradicción que ha pasado inadvertida durante mucho tiempo. La podemos llamar "la crisis del observador". Veamos en mayor detalle esta escena.

Tradicionalmente, tendemos a conceptualizar identidades como algo objetivo, donde el observador, el sujeto observado y el ambiente —en el que sujeto y observador están sumergidos— son considerados elementos independientes.

Así, tenemos un observador absoluto viendo la conducta de un árbol en relación con las estaciones del año. Entonces, como es su costumbre, concluye los siguientes postulados: 1) Las estaciones del año conforman un ciclo estacional que es independiente del árbol y tengo acceso a sus dinámicas en forma independiente a las del árbol. 2) Las dinámicas del árbol dependen de los ciclos estacionales; éste sobrevive si se adapta a ellos. 3) La conducta del árbol es independiente de mi naturaleza como observador.

Luego de estas conclusiones, nuestro observador tradicional dirá: "Definir la naturaleza de una entidad o ser vivo es un proceso de recopilación de información y síntesis de contenidos.

Pues bien, dirá nuestro ahora inefable observador, el proceso a través del cual defino identidades humanas debe consistir en recopilar la mayor cantidad de información posible respecto del objeto de observación. Por lo tanto, la operación que realizo en este acto es también independiente de mi propia identidad.

Es decir, yo, inefable, puedo dejar entre paréntesis mi naturaleza, ergo, mi identidad, y definir identidades en mi calidad de observador absoluto. El problema de esta conclusión es que desde la biología se ha demostrado que "el universo de conocimientos, de experiencias, de percepciones del ser humano, no es posible explicarlo desde una perspectiva independiente de ese mismo universo".[9]

Un universo de experiencias y percepciones genera un universo de significados que genera, a su vez, un universo de experiencias y percepciones. Esta circularidad se produce al interior de un ser humano o de una comunidad.

La crisis del observador absoluto en el campo de la identidad es análogo al problema de la noción histórica del

9 Maturana H., Varela F., (2003). "Las bases biológicas del entendimiento Humano". Ed. Buenos Aires.

tiempo absoluto de la física newtoniana, refutada de manera radical por aquella experiencia que evidenciaba una velocidad constante de la luz bajo cualquier condición. Aquel obstáculo se pudo superar con la concepción einsteniana del tiempo relativo al observador y sus aceleraciones. Es decir, el tiempo es función de lo que le pasa al observador y no al revés.

En un nuevo camino, se está reconociendo que el observador en el ámbito de la identidad es relativo y no absoluto. En consecuencia, se ha hecho necesario rescatar al observador de esa "absoluticidad" e integrar las condiciones que generan su universo particular de significados en la ecuación de complejidad que rige el dominio de la toma de decisiones y la acción organizada.

Para ello, se requiere en el campo de la gestión una conceptualización del fenómeno identidad con carácter unificado, y que posea validez transcultural y transdisciplinaria. En esta perspectiva, nos toca entrar al ámbito de la identidad en su calidad de sistema.

Estamos desafiados a soltar amarras y sumergirnos en la niebla de la circularidad, esa que ha sido el escenario de la crisis histórica del observador analítico, tanto en el campo del conocer como en el estudio de la identidad.

En la lógica sistémica, lo anterior implica indagar acerca de la organización y estructura de la identidad. Deben ser expuestos sus componentes y las relaciones que la configuran en calidad de fenómeno identitario; además, es necesario modelar las formas de interacción que emergen en relación con el medio, las que surgen desde esas organizaciones y estructuras.

En consecuencia, es necesario responder al menos las siguientes interrogantes:

¿Cuál es el sustrato desde donde emerge el fenómeno que llamamos identidad?

¿Cuál es la organización emergente que constituye identidad y sus dinámicas?

¿Cómo es y de qué forma opera un sistema de gestión emergente desde aquel sustrato, que sea capaz de abordar las dinámicas identitarias con un sentido teleológico?

La tercera pregunta es la razón de este viaje: la búsqueda de un sistema de gestión que no tenga otra alternativa que emerger desde la misma circularidad constitutiva del fenómeno identidad.

3. El internet cuántico

"Cada molécula en el universo tiene una
frecuencia única y el lenguaje que
emplea para hablar con el mundo
es la onda resonante".
Fritz-Albert Popp

El átomo es un personaje escurridizo en la historia de la humanidad. Los ecos de su existencia vienen desde tiempos remotos, se cree que uno de los primeros en acusar su presencia fue el pensador fenicio Moscho de Sidón, aunque el nombre con el que se le conoce actualmente le fue dado por los griegos[10]. Ha sido sistemático el revuelo de esta "partícula indivisible" en el conocimiento humano, desde que Leucipo fundó la corriente de pensamiento llamada "atomismo" alrededor del siglo V antes de Cristo.

El concepto de esa partícula indivisible ha viajado hasta nuestros días, no sin algunos serios contratiempos. Aunque en la Edad Media el átomo fue declarado enemigo público por razones teológicas, incluso en ese tiempo se hablaba de él. El canto y el relato poético se convirtieron en un mecanismo de transferencia de conocimiento *underground* durante el oscurantismo, llevado a cabo principalmente por trovadores y juglares cátaros. Algunos de estos entonaban canciones que hablaban del átomo.

Gracias a ellos, el concepto sobrevivió hasta nuestros días. Todos imaginamos esa especie de esfera diminuta viajando por un espacio, un lugar que ahora llamamos campo cuántico, reuniéndose con otras bolitas y formando la materia que conocemos.

---

10 Del griego ἄτομον, "que no se puede cortar", "indivisible". Diccionario de la lengua española (23.ª edición).

El átomo es el tramoyista invisible de nuestros escenarios experienciales. Nadie se acuerda de él cuando bebe agua o va de viaje. Se ha reunido con otras partículas de maneras muy específicas para configurar nuestros *settings* vivenciales, se reúne con unos y rechaza a otros; es bastante discriminador. Si cancelara parte de su agenda de reuniones, desaparecerían zonas de nuestra realidad. Es muy probable que al nacer nuestras células sean nuevas, pero los átomos que las constituyen ya estaban ahí.

Desde Leucipo y Demócrito hasta nuestros días, ha sido útil el concepto de esa partícula diminuta zumbando por el microcosmos. Pero en el siglo XXI sabemos más cosas de este misterioso personaje. En primer lugar, sabemos que no es una esfera aislada viajando por un espacio vacío, y ni siquiera es una partícula. Segundo, sabemos que discrimina, rechaza y atrae; es decir, se estima que exhibe un tipo de inteligencia primigenia operando dentro de un campo.

Se ha determinado que, en realidad, lo que vemos como partícula es una especie de vórtice, una concentración de energía en un campo fundamental donde habitan los átomos y sus componentes. En otras palabras, lo que a nivel macro luce como partícula, es una protuberancia dinámica en una zona colapsada del campo cuántico, es como ver un suricato jugando bajo una sábana. Un campo es una porción de espacio/tiempo donde ocurren cosas, es decir, la energía se mueve en olas o vórtices que interactúan entre sí, generando ciertas dinámicas específicas que los humanos entendemos como materia.[11]

Podemos agregar que el átomo también verá las partículas subatómicas como bolitas moviéndose en el campo

---

11 Para lectores con mayor inquietud sobre el estado del arte en la comprensión de la naturaleza, el hombre y la energía, se recomienda estudiar contenidos en McTaggart L. (2007). El Campo. Ed. Sirio S.A.

cuántico. Pero aquellas esferitas también son vórtices o suricatos —más pequeños— integrados dinámicamente en una capa o sábana más profunda del campo cuántico. Así, el campo cuántico es una gran bolsa dinámica de suricatos, organizada en capas que interactúan con un cierto orden.

Las distintas capas tienen funcionalidades específicas. Los átomos existen porque existe el campo cuántico atómico, los electrones existen porque existe el campo cuántico electrónico, los muones existen porque existe el campo cuántico muónico. Algunos de esos campos subatómicos interactúan entre sí y también evidencian dinámicas de discriminación. No se relacionan todos con todos; interactúan de formas bastante específicas.

En consecuencia, las propiedades diferenciadas de los átomos se deben al ejercicio discriminatorio de atracción y repulsión entre partículas o suricatos subatómicos. Ellos se integran selectivamente, dando lugar a ciertas dinámicas específicas hacia niveles superiores de mayor complejidad; pero, al mismo tiempo, mantienen las leyes que les han dado origen en el nivel local inferior. Esa manifestación se produce en niveles recursivos[12].

Las teorías más recientes de la física plantean que ciertas partículas interactúan por medio de partículas mensajeras. Por ejemplo, dos electrones se repelen porque uno envía un fotón al otro, entonces, en el momento en que uno de ellos lo emite y el otro lo absorbe, cada uno cambia el estado de su movimiento como resultado de esa transacción. El fenómeno que llamamos *fuerza* se entiende actualmente en términos de intercambios de partículas mediadoras, llamadas bozones, las cuales actúan bajo condiciones de on-

12 La recursividad se entiende como aquella naturaleza de un sistema que se repite en distintos niveles de complejidad. Por ejemplo, el gobierno central de un país es un nivel de la administración, el cual se manifiesta recursivamente a nivel de provincia y de comuna.

das resonantes. Esta concepción dialogante de la materia, a nivel de nuevo paradigma en la física fundamental, se la debemos al físico Richard Feynman,[13] [14] y también ha permeado otras áreas de la ciencia.

Fritz-Albert Popp[15] recogió ideas de biólogos y físicos respecto de la sincronía celular, a través del fenómeno de radiación y ondas oscilantes. Esta forma de ver las cosas se basa en la presencia de comunicación, a través del principio resonante, inmanente en todos los niveles de la materia. Poniendo en perspectiva los principios fundamentales que están detrás de esta tendencia conceptual, se distinguen al menos dos factores hoy demostrados en la ciencia: i) átomos y moléculas poseen frecuencias únicas, cada partícula tiene su propia huella digital, y ii) existe interacción entre estas unidades en términos resonantes, es decir, en un universo ondulatorio, lo hacen sincronizando frecuencias, amplitudes y fases de onda. Esto también se ha denominado "convergencia armónica".

Podemos observar el fenómeno de resonancia en forma nítida si observamos el comportamiento de las cuerdas de un instrumento musical. Al pulsar una de estas, veremos que todas las demás vibrarán en distintos patrones, formando ondas estacionarias en un patrón propio de cada frecuencia, que dará origen a una nota musical particular. En este caso, se trata de resonancia acústica, pero el prin-

---

13 La electrodinámica cuántica modela la interacción entre bozones y partículas cargadas del tipo fermiónico. Feynman R. (1998). Quantum Electrodynamics. Westview Press.

14 Para aquellos lectores con mayor interés en la física, que no necesariamente posean formación de ciencias básicas de ingeniería o disciplinas afines, se les recomienda revisar contenidos del divulgador científico Javier Santaolalla, PhD en física de partículas, en canales como Date un voltio y Date un vlog, entre otras publicaciones.

15 Popp F., Gu Q., Li K. (1994). Biophoton emission: experimental background and theoretical approaches. Modern Physics Letters B, 8 (21/22): 1.269-1.269.

cipio resonante es análogo para casos como la resonancia de las mareas, resonancia eléctrica, resonancia magnética y resonancia electrónica, entre otros.

Popp, empeñado en demostrar su teoría de la radiación del ADN, creó un dispositivo de alta sensibilidad ante la luz, mediante el cual demostró experimentalmente que todo lo orgánico emite un flujo permanente de fotones. Al estudiar patrones de emisiones —de lo que él llamó "biofotones"— en humanos sanos, Popp descubrió que la intensidad de la luz presentaba ciclos bastante estables, asociados a ritmos biológicos como el biorritmo y el ciclo circadiano. Esto, a su vez, situaba las dinámicas fotónicas humanas en un acoplamiento estructural con el biorritmo del planeta.

En el estudio del flujo fotónico en personas enfermas, Popp descubrió que, para el caso de pacientes cancerosos, el patrón luminoso mostraba serias alteraciones, tanto en su correlación con los ciclos naturales como en la sincronía de su propio sistema.

Este investigador también encontró que demasiado orden en el patrón biofotónico era propio de pacientes con síndrome de esclerosis múltiple. De esta manera, sospechaba de la existencia de un punto de equilibrio homeostático natural, situado entre el caos total y el orden perfecto.

En su experiencia con el tratamiento de enfermedades buscando puntos de equilibrio en el flujo biofotónico, Popp encontró que señales moleculares provenientes de determinadas plantas creaban un patrón biofotónico celular análogo al de células con cierto tipo de enfermedad. Además, al aplicar soluciones muy diluidas derivadas de estas plantas en pacientes con esa enfermedad, descubrió que el compuesto homeopático anulaba los patrones biofotónicos anormales, en forma análoga a una superposición ondulatoria del tipo destructiva. Este es el principio de la medicina homeopática: "semejante cura lo semejante".

Benveniste[16] fue aún más lejos con la comunicación molecular. Utilizó registros de patrones ondulatorios en medios digitales en vez de soluciones químicas, produciendo el mismo efecto que las soluciones homeopáticas. Todo indica que esta es una tendencia hacia el manejo frecuencial de las anomalías celulares, de manera que la medicina del futuro consistirá en una especie de "homeopatía extendida", donde el tratamiento estará orientado hacia la autogestión de las frecuencias de cada individuo y a la aplicación de frecuencias para la recuperación de zonas dañadas de la tierra. En otras palabras, la medicina pasará de una base química hacia una de carácter frecuencial, orientada hacia la activación de células madre en la producción de células armónicas, en zonas donde hay tejidos alterados.

Por otro lado, en el campo de la medicina convencional se pensaba que el funcionamiento de los distintos órganos estaba gobernado por el cerebro; pero se ha descubierto que hay un complejo sistema de comunicación directa y, en muchos casos, independiente del cerebro entre los distintos órganos. Se estima que el estado de esta red de información determina las condiciones de las variables críticas del cuerpo en general, es decir, los ciclos de realimentación del sistema homeostático humano funcionan en base a esta red.[17]

Los actuales descubrimientos en la medicina alopática convergen hacia un sistema de comunicación de naturaleza química, análogo al internet digital global, dentro del cuerpo humano. Esta red de comunicación determina ciertas respuestas específicas de las células, así como el fun-

16 Benveniste J., Arnoux B., Hadji L. (1996). Digital recording/transmission of cholinergic signal. FASEB Journal A1. 479.

17 Para una mayor profundización en el tema, se recomienda ver el documental divulgativo *El Cuerpo* (Prime Video).

cionamiento de cada órgano y el nivel inter orgánico; así sucesivamente, hasta llegar al campo en que se manifiesta la propiedad homeostática del cuerpo en su totalidad.

Desde esta perspectiva, las causas de lo que llamamos enfermedades resultan ser anomalías específicas en la información que puede circular por esta intranet bioquímica. La célula o el órgano ajusta su homeostasis[18] al contenido de la información que recibe. En consecuencia, la medicina de avanzada busca intervenir estas conversaciones para devolver la dinámica celular a su armonía original y, de esa manera, tratar enfermedades que hasta ahora han sido incurables.

El ajuste homeostático habilitado por la intranet bioquímica ocurre en un nivel específico de complejidad, dentro del fenómeno global de la materia dialogante. Este es un acoplamiento estructural, que comienza en el campo cuántico fundamental y se repite en todos los niveles de la materia, manifestando respuestas dinámicas momento a momento. En consecuencia, cada nivel tiene su correspondiente ciclo homeostático con su efecto en todos los niveles emergentes superiores, dentro de un régimen global de incesante intercambio de información.

---

18 Homeostasis es una función que asegura la viabilidad de un sistema mediante la regulación de sus variables críticas, dentro de un rango específico.

4. El observador y el palimpsesto

"Los milagros ocurren, no en oposición a la Naturaleza, sino en oposición a lo que sabemos de la Naturaleza".
San Agustín

Con el descubrimiento de la "partícula de Dios", el bozón de Higgs, el pensamiento humano cambió la mirada desde una "partícula indivisible" de antaño, hacia un "campo fundamental de la materia". Se dice en forma coloquial que es la partícula de Dios, porque "le da masa" al resto de las partículas elementales de la materia que conforma nuestra micro y macro realidad cósmica.

El "Campo de Higgs" es aquel lugar donde aparecen los primeros suricatos bajo una sábana. Es la capa cuántica primigenia de vórtices a la que ha accedido el arado científico en el tiempo reciente; es donde se genera la potencialidad y existencia de los siguientes vórtices integrados superiores, en un tránsito creativo hacia la hormiga, el árbol, el cuerpo humano, el planeta, el universo.

Tal como hemos visto, no es que haya una partícula que "da masa". En realidad, es un campo fundamental donde ocurren colapsos cuánticos profundos. Se producen allí los vórtices primigenios que, en olas superiores sucesivas, dan origen a un sistema que se percibe material, de acuerdo con el particular sistema de percepción humano. Estos núcleos centrales pueden ser llamados "átomos simiente", debido a que detonan aquella dinámica energética que denominamos "materia".

En realidad, eso que llamamos masa o materia no existe como principio fundamental en el mundo de la física.

Esto significa que la masa es el resultado de una especie de resistencia al movimiento que sufren cúmulos de partículas, al intentar desplazarse respecto del campo de Higgs. Es análogo a la resistencia al movimiento que sufren los neumáticos de un vehículo respecto del pavimento. En consecuencia, la ecuación $E=mc^2$, indica la cantidad de energía que se necesita para que las ruedas se desplacen y se produzca ese fenómeno que llamamos materia.

Produce un cierto vértigo el viaje que se manifiesta entre el campo de Higgs y el cosmos a través de la ruta de complejidad emergente. Es probable que los trovadores de la Edad Media hayan plasmado este sentimiento en sus poesías y cantares. El filósofo y matemático Blaise Pascal expresó en su momento, con severa incomodidad, el siguiente rezo: "¿Qué es el hombre? No es más que una nada respecto al infinito, un todo respecto a la nada, un punto medio entre la nada y el todo, infinitamente alejado de comprender los extremos".

Podemos describir la forma en que los seres humanos hemos abordado principalmente este vértigo cognitivo a través de tres modos de pensamiento, que han ido evolucionando a través de nuestra experiencia planetaria: i) *científico,* que concierne a la materia, ocupado en la objetividad, lo que puede ser comprobado; ii) *religioso,* con foco en lo subjetivo de la forma y la naturaleza, la experiencia de un espíritu, adquirido por medio de la forma y un posterior retorno a su origen; iii) *filosófico,* que atañe a la utilización de la inteligencia por parte de una vida inmanente, con sentido de comprensión, adaptación y evolución.

Es muy probable que la zona de convergencia (Zona Cero) de estos tres modos se encuentre en la capacidad emergente, proveniente del universo cuántico, que consiste en el desenvolvimiento de un continuo y creciente poder de respuesta, relacionado a la información del entorno. Cada sistema, en su nivel correspondiente, compensa las perturbaciones que recibe en su propio medio. Lo que va cambiando es el orden o magnitud de la complejidad. Esto significa que en cada nivel existe un mecanismo que influye directamente en la continuidad de la organización local.

Otro aspecto relevante respecto de la Zona Cero consiste en que el desenvolvimiento continuo, y el creciente poder de respuesta al interior de la materia, ocurren en un régimen de permanentes transformaciones. Estas se hacen visibles en los distintos niveles, en términos de algo similar a un flujo de eventos experienciales. Desde la perspectiva dialogante, el poder de respuesta del átomo toma forma de inteligencia primigenia, capaz de discernir, seleccionar y elegir. En el ser humano, este atributo se manifiesta en la capacidad de libre albedrío. Las diferentes escuelas han expresado la misma idea a través de conceptos como "selección natural", "estrategia" o "atracción y repulsión".

En consideración a las dinámicas observadas por la ciencia, el flujo experiencial cuántico ocurre en términos de armonías resonantes en tiempo circular, mientras que a nivel humano la experiencia resulta en términos de vivencias en tiempo lineal.

El tiempo circular es propio de un régimen con flecha del tiempo inexistente, como ya se ha comentado desde la estructura matemática de la física moderna. En consecuencia, la experiencia cuántica se caracteriza por un presente absoluto, donde no hay pasado ni futuro. Podemos imaginar este fenómeno si nos ubicamos imaginariamente en el centro de una rueda de carreta con muchos rayos, que van desde el centro hasta la circunferencia exterior. En cada uno de los extremos exteriores de los rayos podemos situar algún evento —o burbuja experiencial— de nuestra historia personal: de la niñez, adolescencia, adultez, y así sucesivamente. Desde el punto de vista humano, consideramos que esos eventos están ordenados como secuencia, en lo que llamamos *tiempo lineal*. Pero en la dimensión cuántica, cada uno de los eventos está ocurriendo en un presente absoluto, exento de orden secuencial. Profundizando más, podemos decir que, según la segunda ley de la termodinámica, esos eventos etarios son linealmente independientes entre sí. Es decir, un evento consignado a la edad de siete años no depende secuencialmente de otro que haya ocurrido a los cinco, pero sí están interrelacionados y se afectan de manera frecuencial y probabilística. El evento de los siete años puede afectar al de los cinco. Todos los eventos o burbujas alteran mutuamente sus condiciones, como un sistema integrado en tiempo real o tiempo circular.

Para el ejemplo de arriba, la segunda ley de la termodinámica indica que la edad con mayor entropía es la que tiene un mayor número de estados y eventos asociados a esta. Como el número de estados y eventos es mayor en cada año siguiente, esa sería la razón por la que vivimos secuencialmente los años; la entropía va siempre en aumento.

En el tiempo lineal, una burbuja de los cinco años tiene una estructura determinada, distinta a una burbuja de los cuarenta años. Los juguetes son distintos, también las hormonas y los conceptos. Todos los elementos específicos son distintos, pero su organización no cambia, son permanentes otros campos, como el ADN. Debido a la permanencia de esa organización subyacente, podemos decir que hay un mismo individuo a través de la flecha del tiempo.

Esta historia de cambio estructural sin pérdida de la organización[19], desde la biología se denomina *ontogenia,*

---

19 Es importante considerar la forma en que se aplican los conceptos de estructura y organización. Organización es la configuración de un sistema en términos de sus componentes —la naturaleza de sus funciones— y sus interrelaciones, que generan un vector de múltiples estados posibles en un régimen sinérgico. Por otro lado, la estructura es la especificidad de sus componentes, que generan un vector con estados específicos. Por ejemplo, en la organización de un estanque de agua hay

y es observada en todos los organismos multicelulares. Al parecer, también ocurre en el universo cuántico; cuando una partícula intercambia un fotón con otra, denota un cambio de estructural manteniendo la organización. Al parecer, esto es algo universal.

Entonces, todos los sistemas del universo material poseen una organización fundamental y una estructura inicial, que acotan de manera radical los eventos factibles de interacciones y cambios estructurales. Aquellas condiciones iniciales determinan la calidad de la ontogenia.

El observador nunca queda exento de sus propias condiciones iniciales, que determinan su propia deriva de significados y percepciones.

Por otro lado, en la ontogenia las interacciones y estructura se afectan en espiral. Una estructura determinada configura ciertas interacciones, y esas interacciones establecen dominios estructurales. Por ejemplo, un atleta con ciertas condiciones físicas establece un dominio de deportes que, a su vez, privilegia nuevas condiciones físicas estructurales. En el campo del aprendizaje, una condición estructural de conocimientos establece estadios de la conciencia, la que a su vez abre nuevos dominios del conocimiento. Esta circularidad nos recuerda también la realidad del observador relativo, donde un universo de experiencias y percepciones genera un universo de significados que, a su vez, genera nuevos universos de experiencias y percepciones.

La ontogenia es una deriva con pocos grados de libertad, de otra manera, los humanos no estaríamos aún en el planeta. Supongamos que la presencia del ser humano

---

un contenedor, un caudal de entrada y salida, y un sistema regulador de nivel. La estructura está conformada por la forma y material específicos del contenedor, conexiones de entrada y salida, sensor de nivel y válvula de corte.

en la Tierra dependiera de una prueba de ensayo y error, donde pueden ocurrir todas las combinaciones de partículas posibles que permiten crear nuevos sistemas atómicos, seguido después por todas las combinatorias posibles de estos para producir moléculas, y así sucesivamente hasta el ser humano y el universo. Los números no calzan con nuestra flecha del tiempo. Veamos por qué.

Corrían los últimos años del siglo XVIII, cuando Napoleón le pidió a su amigo matemático, físico y oficial de artillería, Jean Fourier, que calculara la frecuencia máxima de disparo de los cañones sin que estos se derritieran. Este notable personaje, solucionó el problema mediante un mecanismo matemático que transporta valores entre dominios de distinta naturaleza, como son las frecuencias y las temperaturas. De hecho, este artilugio matemático lleva su nombre: "transformada de Fourier".

Si aplicamos la transformada de Fourier a la secuencia del conjunto de combinaciones posibles, desde el universo cuántico hasta la existencia del hombre, el tiempo resultante más probable sobrepasa, por mucho, la edad de este universo.

Por este motivo, la ontogenia acusa la existencia de una cierta parametrización de eventos, es decir, la presencia de una enigmática conducta.

¿Cómo es que existe esa conducta que llamamos inteligencia primigenia en el átomo?

En primer lugar, lo que llamamos "conducta" se refiere a una descripción unilateral que hacemos los humanos respecto de un sistema en movimiento, dentro de un medio con propiedades asignadas por el observador de turno. Como ya hemos visto, un observador tenderá a imprimir sobre el sistema observado sus propias expectativas y parámetros; siempre superpondrá su identidad sobre aquello que observa. Los seres humanos somos constructores de palimpsestos. Eso que llamamos realidad es una conjura de palimpsestos, como quien tira naipes en la mesa en un juego de póker.

El átomo, en su deriva, cogobierna sus cambios estructurales internos: sus distintos estados son resultado de su estructura y, esta, de su historia. El átomo mantiene una sintonía permanente con su medio circundante y con el campo de Higgs, que mantiene la memoria de sus cambios estructurales.

Entonces, hay que cambiar la pregunta desde eso llamado conducta, hacia algo relacionado con cambios de estado producto de un equilibrio interno. ¿Cómo es que el átomo realiza momento a momento su estructura, manteniendo un continuo equilibrio dinámico en el campo de Higgs?

Se estima que el campo de Higgs cierra el circuito cibernético natural de realimentación, que es clave para el proceso homeostático en niveles recursivos. Se ha demostrado que cuando dos partículas interactúan mantienen esa conexión a distancia, de manera que, si una de ellas sufre un cambio en su *spin*, la otra lo hace al instante. Este ciclo cibernético de realimentación está presente en todos los niveles. Por ejemplo, a nivel de órganos del cuerpo humano, el campo donde se produce el cierre del circuito homeostático es el nivel molecular.

Si consideramos como un hecho válido que el emergente poder de respuesta, proveniente desde el interior del campo de Higgs, tiene una participación importante en la presencia de la especie humana, nos enfrentamos a compartir el puesto de "seres inteligentes" con el noble átomo y todos los pequeños suricatos de los campos subyacentes. En este sentido, el campo de Higgs no es creador de masa, es creador de inteligencia.

Para considerar con un sentido de aplicación el fenómeno de la ontogenia en los distintos niveles del universo material, tenemos que cumplir al menos dos requisitos. En primer lugar, tener presente que existen dinámicas internas de cada sistema, las cuales generan capacidades de acoplamiento con mantención de su organización fundamental. En segundo término, todas las unidades en esa deriva de realización de su estructura mantienen interacción con un campo subyacente local en los distintos niveles de agregación, pero siempre en recursividad profunda con el campo de Higgs.

Entre los elementos claves que gobiernan la mantención de la organización fundamental a nivel de partículas, está la nota resonante propia de cada una de ellas. Este fenómeno ocurre también a nivel de cúmulos de partículas, que pueden ser objetos como un átomo, una molécula o un ser biológico, los cuales también, por integración resonante, manifiestan sus notas características resultantes.

En síntesis, cada sistema cierra su ciclo de realimentación en la deriva hacia estados de equilibrio mediante procesos homeostáticos, que realizan una correlación dinámica con su correspondiente campo subyacente. En el caso de las partículas subatómicas, este ciclo se cierra de manera directa en el campo de Higgs. En otros niveles, como el sistema de órganos del cuerpo humano, este ciclo cibernético se cierra a nivel del campo molecular. Todas las manifestaciones, en todos los niveles, poseen inteligencia, de manera que es posible aseverar que nuestra mente, en tanto naturaleza inteligente, cierra sus procesos homeostáticos a nivel subatómico, donde cada pensamiento tiene su nota armónica particular.

5. La experiencia cuántica

"Vienes de una onda resonante
y en eso te convertirás".

Seres humanos bajo el hipnótico sonido de una lluvia torrencial haciendo eco en las rocas, mezclado con un cierto aroma a perro mojado, humo y una oscuridad apenas desdibujada por un par de leños incandescentes. La entrada de la cueva mostraba cómo los dioses campeaban por la llanura, entre destellos fugaces y estruendos inquietantes. Eran tiempos de dioses residentes en el cielo, el mar y las profundidades de la tierra.

No había objetos en el mapa mental como la electricidad, el magnetismo o el vasto universo. Nada de eso. La poiesis[20] del conocimiento humano aún no pasaba por esos lares.

En esa isla lejana del conocimiento, se construyeron mitos. Se abrieron caminos divergentes. El intelecto generó la ciencia. La psiquis generó las religiones. Su combinación generó la filosofía. Lo que siguió, es historia conocida. En occidente, se experimentó la preponderancia del intelecto y, en oriente, la de la psiquis. Con ello, la filosofía fue objeto de perspectivas aún más diferenciadas; en un extremo el Tao y en el otro la filosofía de occidente.

La ciencia ha tenido un largo camino de abstracciones. En la Edad Media, los contenidos de tendencia y las controversias estaban asociadas a la sobrevivencia, por ejemplo, a la identificación de las causas de las pestes. Posteriormente, a la clasificación de los seres vivos y la materia; después, a la estructura de la materia y su comportamiento.

---

20 Poiesis, es una palabra griega que significa, hacer, producir. En este contexto, se hace referencia a la producción de conocimiento, como proceso relevante de la ontogenia, de un dominio determinado.

¿Cuáles fueron las condiciones iniciales que crearon los caminos divergentes entre la mente y la psiquis?

En primer lugar, podemos observar que tanto el origen como la naturaleza de un proceso divergente de este tipo, pueden tener el mismo patrón. Este posee la agregación armónica creadora de partículas y la formación celular en seres vivos, como hemos visto en el efecto de la recursividad cuántica. Así como el ADN marca un punto de inicio para un proceso de producción celular, la divergencia mente-psiquis también debiera tener un nodo primordial responsable.

En segundo lugar, observamos una inercia, una especie de momentum creativo, en la deriva de un proceso divergente. Por ejemplo, en casos tales como el desarrollo fetal de los seres vivos, se ha demostrado la existencia de un camino de alta especialización y diferenciación celular, detonada por las condiciones iniciales establecidas por el ADN, en su calidad de punto focal. En este caso particular, la deriva divergente de alta especialización posterior está regida por los campos morfogenéticos.[21]

Entonces, se reconoce la existencia de un punto focal, el cual define parámetros iniciales de organización, acompañado por una deriva posterior que sigue inercialmente una dinámica autopoiética[22], es decir, la producción permanente de elementos estructurales que

21 Op. Cit. McTaggart L. (2007). Los campos morfogenéticos explican la alta coordinación en la formación celular y su diferenciación, como el caso de células espejadas de los miembros del cuerpo humano. Ejemplo, una célula de la mano derecha espejada con una correspondiente en la mano izquierda.

22 Autopoiesis, se refiere a la producción de unidades que componen la misma entidad creadora, en otras palabras, auto producción de los propios componentes. Por ejemplo, el cuerpo humano genera sus propias células.

mantienen el sistema en una organización regida por un campo mórfico subyacente.

En la autopoiesis, un sistema produce sus propios componentes, generando la capacidad de autonomía discriminante. Así, un sistema toma un elemento del entorno porque contribuye a la mantención de su organización y no solo por las propiedades exclusivas de ese elemento. Por ejemplo, el cuerpo humano, en un momento determinado, tiene una dinámica autónoma en la inclinación por algún tipo de alimento y no otro. La no atención de estos impulsos puede generar desequilibrios orgánicos, producto de alteraciones en la estructura en red cuando se modifica el mandato autopoiético.

A lo largo de la deriva, se mantiene en todo momento, dentro de un rango viable, el estado de ciertas variables críticas del sistema, es decir, se encuentra operando lo que llamamos homeostasis. Un ser humano es orgánicamente viable porque mantiene ciertas variables como la presión arterial, la temperatura y concentraciones químicas, entre muchas otras, en rangos específicos. En síntesis, las dinámicas autopoiéticas y homeostáticas permiten la emergencia de aquella condición de adaptación, que observamos externamente en cualquier sistema viable. Ellas aseguran cambios estructurales continuos, pero manteniendo la organización.

Se puede hacer una analogía entre el flujo del pensamiento humano y la deriva autopoiética de los sistemas vivos. Esto, considerando que los conceptos son, en último término, unidades energéticas u objetos que habitan los campos cuánticos, parecido a como lo hacen las células en la red biológica y los elementos químicos en la red atómica. Todas son unidades de energía que comparten la naturaleza del sistema cuántico o biológico en su desenvolvimiento, por lo tanto, son parte del mismo fenómeno autopoiético. Si bajamos en niveles, desde el ser humano, célula, molécula, átomo, fermiones, bosones, entramos a un universo de campos resonantes. En su naturaleza energética, los pensamientos tienen un origen común en el campo de Higgs, pero no se manifiestan en el universo atómico; al parecer, se mantienen navegando solo a nivel de campo electrónico, fotónico o neutrino. Desde esos océanos, las unidades pensamiento son canalizadas por nuestra mente a los planos vivenciales habituales a través de cada relato.

El pensamiento humano también ha construido sistemas autopoiéticos. En el caso de la ciencia, esta maneja su propia organización mediante leyes de contenidos y criterios de verdad. En su autopoiesis, atrae o desarrolla nuevos conceptos, estabiliza algunos y rechaza otros, como cualquier sistema adaptativo que gestiona sus propios elementos. Lo mismo tiene lugar en las religiones y la filosofía.

Desde las cavernas cuánticas, siempre acechan los parámetros originales de la deriva del pensamiento humano. Muchos de los mitos ancestrales nos acompañan hasta el día de hoy. Quizás no hemos cambiado tanto como creemos. Los dioses de antaño solo han cambiado de residencia. Antes tenían su residencia en los cielos, el mar y la tierra; ahora habitan en las entrañas del universo cuántico. Los experimentamos en términos de intuición, suerte, destino, esperanzas, coincidencias...

En el caso del pensamiento humano, especialmente el occidental, es probable que un aspecto del punto focal original, responsable de la divergencia histórica mente-psiquis, consista en el tipo de relación existente entre la mente y la materia.

Una causa probable es que, en su génesis, el pensamiento occidental exilió su universo conceptual de la naturaleza inteligente de la materia. Es decir, en aquella deriva, quedó fuera la fenomenología cuántica, la cual, en último término, es la responsable de la existencia de los átomos y células; la realidad tal como la conocemos. Podemos decir que eso se debió a una poiesis conceptual exenta de aquel universo cuántico en aquellos tiempos, pero se sabe que el mundo chamánico, mediante otros nombres y conceptos, sí ha mantenido contacto con esa red cuántica en forma histórica. Lo mismo el pensamiento oriental. Utilizan otros nombres y podemos ver representaciones más simbólicas y menos racionales, pero hacen referencia a la misma constitución energética de tipo fractal de la materia y de los seres vivos.

Desde las corrientes de pensamiento orientales y chamánicas, se deduce una cierta coherencia entre los campos y las manifestaciones biológicas. Por ejemplo, las hormigas existen y operan en un campo hormiga, lo mismo que la correspondencia partícula-campo ya indicada, que aplica para todas las especies. En consecuencia, cuando una especie se extingue, el campo mórfico permanece, pero vacío de forma orgánica. La divertida escena de la película "Siete años en el Tíbet", donde los monjes se dieron el trabajo de retirar, uno por uno, todos los gusanos que encontraron en el camino de una obra, tiene su origen en su concepción fractal de la vida. Desde esta perspectiva, lo que se ha llamado "reencarnación" es una adecuación de flecha de tiempo, o de tiempo lineal, para un concepto de existencia intemporal cuántica de presente absoluto. Cada uno de nosotros es también un gusano, y todo lo existente en todos los campos, en un tiempo circular cuántico.

A pesar de aquella ominosa escisión original, el mérito de la ciencia occidental ha sido su enorme contribución al acervo de conocimiento sistemático mediante la experimentación basada en la tecnología. Pero la negación respecto de la realidad constituyente, en términos de una materia inteligente, se ha hecho evidente en la ontogenia. Las lógicas productivas y económicas han tratado a la tierra como un elemento inerte, con dinámicas autopoiéticas y homeostáticas exiliadas de una continuidad inteligente, al menos desde el campo de Higgs o nivel subatómico hasta el del ser humano.

En la inercia divergente humana, los seres humanos hemos tratado de integrarnos al medio, como aquel vagabundo que busca por siempre un lugar para quedarse. Un espacio que nunca encontrará en el exterior, porque está en su constitución, anda con él todo el tiempo.

El artista austriaco Hundertwasser[23] describe ese exilio humano en términos de las cinco pieles: i) epidermis, ii) la ropa, iii) la casa del hombre, iv) el entorno social, y v) ecología y humanidad. Es decir, la ecología, la materia, la tierra, el universo cuántico como la última piel, la más lejana.

Esta condición mental, altamente regresiva, ha generado un deterioro progresivo de los equilibrios medio ambientales, al crear y aplicar tecnologías con una ecuación de complejidad deficiente. En este sentido, se entiende la ecuación de complejidad compuesta por un punto focal y una ontogenia en la gestión de un sistema.

¿Por qué una unidad orgánica pensante llega a una condición suicida? Porque sus procesos internos están regidos por un mapa precario en cuanto a la relación entre su medio y las dinámicas de su propia naturaleza. Y ese mapa deficiente tiene su origen en el punto focal original distorsionado. Aquellas condiciones iniciales marcadas por el desarraigo han generado una deriva autodestructiva.

De alguna forma hemos sobrevivido; el ser humano primitivo no se autodestruyó, probablemente, gracias a la existencia de una función psíquica que lo conectaba armónicamente con su entorno. Esos ancestros, de alguna manera, interrelacionaban su inconsciente con la experiencia; así, obtenían respuestas a sus dilemas existenciales mante-

23 Friedrich Stowasser 1929-2000.

niendo una autopoiesis y homeostasis social integrada con el ambiente.

La psiquis dio origen a los mitos, que conectaban al ser humano con su realidad en una modalidad de hemisferio derecho más que izquierdo.

Los mitos fueron una solución natural al problema de la circularidad cognitiva que también afecta a la psiquis: "… la psique no puede conocer su propia sustancia psíquica".[24]

Por lo visto, de nuevo aparece la ominosa dualidad original, situada entre la indeterminación del universo cuántico ondulatorio y el colapso objetivo de las partículas. El ámbito cuántico de potencialidades e indeterminación es similar a la fenomenología del inconsciente humano individual o colectivo. Por otro lado, la operación del consciente es equivalente al colapso material de las partículas. En este sentido, "…como señaló una vez el psicólogo norteamericano William James, la idea de un inconsciente podría compararse al concepto de 'campo' en la física".[25]

Podemos decir que, en su inmaterialidad, nuestros pensamientos operan principalmente en campos como el electrónico, el fotónico, y el neutrónico.

¿Cómo experimentamos los seres humanos esta naturaleza cuántica en nuestra vida diaria?

Podríamos decir que la experiencia de campo la vivimos, de manera más habitual, a través de los sueños, que operan como interfaz de conexión. Ese océano subyacente ha sido llamado "inconsciente". De hecho, Jung consignó la naturaleza intemporal e inespecífica de ese campo como base de sus nuevos conceptos "…el descubrimiento de que el inconsciente no es mero depositario del pasado, sino que también está

24 Jung C. (1964). El hombre y sus símbolos. Ed. Paidós. Pág. 15.
25 Óp. Cit. Jung C. (1964). Pág. 308.

lleno de gérmenes de futuras situaciones psíquicas e ideas, me condujo a mi nuevo enfoque de la psicología". [26]

Que el mundo onírico sea, para nosotros, la interfaz más recurrente con los contenidos del campo cuántico, no significa que en el período de vigilia estemos privados de esa conexión. El sistema neuronal es un dispositivo transductor permanente de información. Durante el sueño, la transformación de contenidos es simbólica y, durante la vigilia, en su mayoría racional. El obstáculo para esa conexión durante el día sería la mente racional, la que se apaga durante el sueño.

En el período de vigilia, el buffer de interconexión con el campo es la imaginación y la intuición. En la operación de la mente racional y del ego, tanto a nivel individual como colectivo, la información es organizada de manera muy estructurada, radicalmente diferente a la información del mundo onírico. En estados de vigilia, el inconsciente es obnubilado por la mente racional y el ego, de manera similar a como el sol nos esconde las estrellas. En esta especie de trance diario, la memoria juega un papel crucial en la flecha del tiempo.

Se estima que el fenómeno del tiempo lineal se produce por la memoria de nuestro sistema neuronal; ya sabemos que nuestros pensamientos habitan el universo cuántico intemporal, por lo tanto, al salir del sueño reconectamos el flujo lineal a nuestra conciencia inmediata y sus relatos. En consecuencia, podemos decir que el fenómeno de identidad surge experiencialmente desde elementos de nuestra memoria, como puntos focales creadores de una deriva específica: identidad en tanto flujo de espacio/tiempo lineal.

Aquel flujo de nuestra consciencia existe gracias a nuestro sistema celular, que cumple funciones de un sistema cibernético, transductor de contenidos cuánticos. Este sistema

26 Óp. Cit. Jung C. (1964). Pág. 37.

también posee su bucle de realimentación correspondiente, con su propio campo subyacente. A ese campo subterráneo le hemos dado el nombre de "campo Identiting".

El flujo de realidad recogido desde el campo Identiting ha sido llamado "Mayanadi"[27] en la Escuela de Comunicología de Santiago[28]; el "flujo de ilusión", debido a su formato habitual de tiempo lineal.

Estamos siendo testigos de una época de reorganización de los elementos del pensamiento humano desde nuestra memoria, en relación con nuestro lugar en el universo. Si atendemos a los elementos de las pieles de Hundertwasser, una secuencia análoga, convergente con el campo cuántico, sería una especie de muñeca rusa: i) universo cuántico, ii) universo atómico, iii) tierra, iv) humano, v) civilización, vi) sistema planetario, y así sucesivamente. Podríamos llamar a este nuevo orden "alineamiento cuántico del pensamiento".

27 Palabra compuesta con origen en el sánscrito; Maya: ilusión; Nadi: flujo, río.
28 https://fundacioncomunicologia.com

6. Identiting

Interpretando las teorías de Karl Pribram:
"Creamos tiempo y espacio,
sobre la superficie de nuestras retinas".
Lynne Mctaggart

El campo Identiting le sugiere al ser humano cómo percibir.

En una fenomenología histórica de viaje ontogénico, el percibir genera "realidad" en flujo de palimpsestos "tiempo y espacio".

En la ontogenia, experimentamos nuestra vida diaria a través de los principios de atracción y repulsión, en forma análoga a las partículas subatómicas: i) identificación, atracción; ii) rechazo, repulsión; iii) una combinación de las anteriores. Esas dinámicas, en modo racional humano, configuran el poder de discriminación que, en tanto acción categorizadora, despliega una cierta realidad compartida mediante el universo de significados que llevamos a mano, momento a momento.

El flujo de significados presenta una dinámica similar al sístole y diástole cardiaco; en este sentido, respiramos significados dentro del campo Identiting.

Los humanos mantenemos un juego de polaridad permanente y continua en nuestro propio campo de significados psicodinámicos. De esta forma, configuramos un campo Identiting individual de significados, al interior del campo Identiting global que habitamos. En esta deriva, atraemos, rechazamos y categorizamos significados. Operamos nuestra ontogenia social de manera análoga a nuestra ontogenia biológica, basada en múltiples campos subyacentes: celular, molecular, atómico, subatómico.

Mediante esta propiedad de origen resonante, los seres humanos —tanto en régimen individual como colectivo— configuramos —de manera consciente o inconsciente— un punto focal, una especie de vórtice que define parámetros originarios de una posterior deriva. Ese nodo es una suerte de ADN social y cultural.

La organización de nuestra cotidianeidad está configurada paramétricamente por un punto focal Identiting, una especie de suricato. Debido a él, surge en nuestra ontogenia vivencial una respuesta en términos de atracción, rechazo y categorización de significados; esto es, la deriva de autopiesis social y cultural que realizamos momento a momento.

En cuanto a la organización y estructura de ese punto focal Identiting, en una primera aproximación en relación a la naturaleza experiencial humana, empíricamente se pueden distinguir tres componentes altamente dinámicos: i) mental; ii) psíquico, y iii) ritualístico.

Mente implica aprendizaje y, para ello, crea puntos focales. Mente es un factor escalar, es decir, transduce las potencialidades cuánticas en hechos probables concretos. El ciclo es uno de sus elementos focales principales para esas transducciones. La expresión palpable del efecto de ese punto focal es el tiempo. El ciclo es el ADN del tiempo.

Psiquis, es capacidad de cualificación de estados energéticos. En otras palabras, es energía emotiva de pensamientos e ideas. Abarca la dimensión irracional de nuestro poder de categorización y se relaciona con nuestros procesos de percepción conscientes e inconscientes: "...nuestras impresiones conscientes, en realidad, asumen rápidamente un elemento de significado inconsciente, que es de importancia psíquica para nosotros, aunque no nos demos cuenta consciente de la existencia de ese significado subliminal o de la forma en que, a la vez, extiende y confunde el significado corriente"[29]. En este sentido, nuestro poder psíquico lo experimentamos, fundamentalmente, a través del universo de significados y asociaciones psíquicas que llevamos momento a momento en nuestras vidas. En términos de una dinámica en espiral, ese poder nos trae a la mano un universo dinámico de metáforas, que mueve, a su vez, nuestro poder creativo.

La ritualización, consiste en un guion experiencial en base a un esquema de tiempo lineal. Las dinámicas de ciclos y ritmos configuran de manera perceptual el fenómeno que llamamos tiempo. En este sentido, la percepción de ciclos gatilla conciencia temporal, y la percepción de los ritmos gatilla estados psíquicos, dando forma a aquello que llamamos vivencia dentro de un horizonte de tiempo. El guion, se refiere al recorrido que realiza una persona en su cotidianeidad; las acciones que realiza, como cocinar, leer, ver películas, pasear o trabajar en determinados *settings* o lugares que frecuenta.

Para el caso de las organizaciones, el guion relevante es aquel entramado de rituales que realiza el conjunto de personas que pertenecen a ella en el día a día. Está basado en algún tipo de campo subyacente, que en este caso es el sustrato Identiting, representado por una Cadena de Valor y un modelo de negocios vigente localmente.

Tanto el contenido de cada uno de los componentes (mente, psiquis y rituales) como la sinergia que producen, configuran las condicionantes originarias de la realidad individual y colectiva en términos de "burbujas presente", que en nuestra constitución mental habitual experimentamos como secuencia en tiempo lineal. Recordemos la segunda ley de la termodinámica y el ejemplo de la rueda con una infinidad de presentes en régimen de tiempo circular. En este sistema, el punto focal descrito se sitúa en el

29 OP. Cit. Jung C. (1964). Pág. 40.

centro de la rueda de carreta para una persona o una organización. En esta perspectiva, los seres humanos colapsamos esta rueda de carreta momento a momento.

La inquietud que surge respecto de esta metáfora de la rueda experiencial es si podemos crear sistemas y métodos que nos permitan moverla conscientemente. Aquí entra la gestión, con sus ecuaciones de complejidad.

La gestión es el arte de transformar. Es el campo de despliegue de la inteligencia humana, a través de la toma de decisiones. Es el manejo de la ley de causa y efecto en su amplia expresión.

En su modus operandi, utiliza la fuerza de la intención y la atención —individual y colectiva—, se mueve entre puntos de referencia, genera ciclos, moviliza capacidades y recursos.

Lo más visible de la gestión es aquel constructo que ella dibuja entre puntos de referencia. Configura un espacio de toma de decisiones mediante el uso de isomorfismos[30], tanto de la realidad que interviene como de los procesos que realizan la acción transformadora.

En el campo de la gestión existen muchas representaciones intermedias o modelamientos del sistema sujetos a la intervención, que buscan reducir la complejidad a un nivel manejable para la toma de decisiones.

El término isomorfismo, en estricto rigor, es empleado en el sentido cibernético de Conant-Ashby:[31] "Todo buen regulador de un sistema debe ser un modelo de ese sistema". Para esto, se requiere un isomorfismo entre el regulador y el sistema controlado. Desde la cibernética, se ha utilizado la expresión: "Variedad, absorbe variedad" para

30 En un sentido coloquial, un isomorfismo es una representación intermedia en un contexto de regulación de un sistema

31 Conant R. & Ashby R. (1970). Every good regulator of a system must be a model of that system. Int. J. Systems Sci., vol. 1, No. 2, 89-97.

hacer referencia a la equivalencia de complejidad necesaria entre el regulador y el sistema controlado. Este es un desafío en la gestión, ya que hay casos donde la simplificación del isomorfismo resulta excesiva respecto de la complejidad del problema. Recordemos que el 50% de una solución depende de una buena definición del problema. Si queremos poner nervioso a un economista, podemos preguntarle por el componente "ceteris paribus" de sus modelos.

Ejemplos de aquellos isomorfismos, ampliamente utilizados hoy en día en la gestión organizacional, se encuentran Canvas[32] y la Cadena de Valor de Porter, entre muchos otros. Canvas es una representación de los componentes claves del modelo de negocio vigente de una organización. La Cadena de Valor es una representación del sistema operacional de una empresa o encadenamiento productivo de empresas, en eslabones secuenciales hasta la llegada de un producto o servicio al mercado. La diferencia entre estos modelos es que Canvas apunta a los rituales que ocurren entre el cliente y la empresa, con foco en la transacción, mientras que la Cadena de Valor modela una secuencia de macrooperaciones que genera un margen del negocio.

La gestión organizacional ha ido evolucionando con el avance del pensamiento humano, de manera que ha ido elevando su complejidad, tanto en los conceptos como en la profundización humana de aquellos isomorfismos. Hubo momentos en que el isomorfismo prevaleciente era el plan, el que rara vez se cumplía.

En aquel tiempo, prevalecían las estructuras organizacionales verticales, pero se volvían rígidas en cuanto a la toma de decisiones y la capacidad de respuesta: "...si el jefe dice que los cocodrilos vuelan, los cocodrilos vuelan. Vuelan bajito, pero vuelan...".

---

32 OSTERWALDER A., PIGNEUR Y. (2010). Generación de Modelos de Negocios.

Los isomorfismos cambiaron a una capacidad de respuesta de alta eficiencia, como los modelos japoneses basados en procesos *"Just-in-time"*, utilizando mecanismos de información del tipo Canvan y organización de la calidad del estilo Ishikawa.

A partir de ahí, las estructuras organizacionales se relajaron y se privilegiaron los enfoques centrados en el aprendizaje, como "La quinta disciplina".

Dentro de ese ambiente, más benigno para la esencia creativa humana, eclosionaron procesos co-creativos mediante las dinámicas propias del "Pensamiento de Diseño" *(Design thinking)* en prácticamente todas las organizaciones del mundo.

En este punto, comienza a emerger en la gestión otra forma de entender al ser humano en el mundo.[33] "La gestión y el diseño han respondido en el movimiento de paradigmas mediante la generación de diversas metodologías, técnicas y herramientas como '*Sociocracy*', '*Agile*', '*Lean*', 'innovación guiada por el usuario'; el protagonismo lo tiene el 'co-diseño' o la 'co-creación'"[34].

Las corrientes de gestión, en su historial, han operado en el dilema de la circularidad cognitiva analizada con anterioridad. Producto de ello, los isomorfismos —exentos de la naturaleza cuantico-creativa del ser humano— se han centrado, principalmente, en la variable económica. El marketing es un ejemplo de aquella evolución; en principio, su ecuación de complejidad contenía cuatro elementos: precio, plaza, promoción y producto. Posteriormente, se reconoce que el ser humano existe dentro del paisaje, e

---

33 Salvatierra, R. (2021). Managing Strategic Participation Through Design Principles: A Model for Value Co-Creation in Service- Based Organizations. Human Systems Engineering and Design III, Pág. 69-76.
34 Traducción libre del autor.

introduce una quinta P: "persona". Esta dimensión acoge aquellas dinámicas que generan la actitud de compra.

La evolución reciente en la gestión ha venido de la mano de la disciplina del Diseño. Corrientes tales como el diseño estratégico, el diseño sistémico o el *design management* han introducido nuevas dimensiones a la ecuación de complejidad de la gestión. Entre ellas, está el desarrollo de isomorfismos que facilitan la innovación, en su amplio sentido.

El mérito de estas corrientes de pensamiento está en que han puesto en el centro el poder creativo del ser humano, inmerso tanto en los entornos de intervención como en el seno de las organizaciones. En otras palabras, se trata de un paradigma centrado en la ontogenia creativa del ser humano como el motor central de su evolución.

En el movimiento de paradigma, las corrientes de pensamiento enunciadas han contribuido a ampliar las dimensiones del escenario humano donde tiene lugar el conjunto de intervenciones de la gestión actual. Por ejemplo, en el paradigma anterior, al hablar de mercado, se hacía referencia a una dinámica en esencia de transacciones mercantilistas. Sin embargo, en el paradigma emergente, ese lugar de transacciones económicas representa un universo humano mucho más complejo en términos de intercambios, como son los significados, las ideas y los estilos. En ese lugar hay consumidores solo en la dimensión mercantilista, porque en la complejidad emergente hay "consumidanos" (consumidores-ciudadanos), hay colapsadores cuánticos; en síntesis, seres con un poder creativo que configura la realidad momento a momento. En este sentido, hemos vuelto al mundo de las "tribus", esta vez dentro del territorio de los significados y las redes de información.

El nuevo paradigma consiste en el reconocimiento de la naturaleza cuántica de nuestra vida diaria, en tanto seres humanos comunicantes y creativos. Como ya se ha señalado, la teoría cuántica de campos presenta las fuerzas como intercambios de partículas mediadoras, los bosones. Si consideramos que la fuerza es un fenómeno que modifica la trayectoria o el comportamiento de una partícula, podemos hacer una analogía con el efecto que tiene el significado sobre cada ser humano.

El ser humano, en tanto partícula resonante, es como un suricato más grande, que entra en régimen de convergencia armónica al conectarse con determinados significados asociados a personas o grupos. Esto depende del rango frecuencial y vibratorio con el que cada uno confluye al encuentro. Ese fenómeno, que tiene distintos grados de convergencia, lo entendemos como "afinidad" o "identificación". De esta manera, algunas personas nos son indiferentes, y otras profundamente familiares y cercanas, aunque las hayamos visto por primera vez. Lo mismo pasa con las ideas y los pensamientos.

Desde esta perspectiva, el significado puede ser representado como un vector que altera la deriva de eventos en un plano de existencia donde habita el ser humano en comunidad. La red por donde viajan los significados la hemos denominado "campo Identiting", una región donde se crean, destruyen, rediseñan y propagan significados. Entonces, en tanto seres comunicantes, actualizamos significados de manera homeostática con el campo Identiting en nuestra serie de momentos cotidianos, y los expresamos través del relato. En este sentido, nuestra identidad emerge como una narrativa que nos contamos a nosotros mismos y a otros, dentro de un tejido simbólico dinámico basado en el pensamiento.

En consecuencia, los principios fundamentales del paradigma emergente en la gestión se basan en la forma en que los seres humanos experimentamos los fenómenos de la creatividad y la identidad. Estos son:

1. La experiencia diaria, producto de un fenómeno humano-cuántico de precipitación de realidades. La gestión contribuye tanto a la configuración de un punto focal generador de las condiciones iniciales que rigen los atributos de un resultado esperado, como a la ontogenia que manifiesta esa realidad consciente.
2. Cada plano de manifestación, desde lo subatómico hasta lo galáctico, posee un campo subyacente que funciona en calidad de campo mórfico, cerrando el ciclo de realimentación cibernético de segundo orden. Esto reduce la dispersión de estados que puede tomar el sistema en una ontogenia determinada. La gestión genera un isomorfismo que, dependiendo de su complejidad, potencia la homeostasis del sistema intervenido. En un sentido de complejidad emergente, Identiting constituye un campo subyacente mediante el cual la gestión puede contribuir en los procesos de transformación de comunidades y organizaciones. Esto se debe a que almacena una memoria dinámica de significados, que cierra el ciclo homeostático a lo largo del proceso de transformaciones estratégicas de un sistema organizacional.
3. La gestión sistematiza una acción empírica. En base a esta, configura una nueva autopoiesis de conocimiento inductivo, o de abajo hacia arriba (*bottom-up*), donde se configura una nueva ontogenia de conocimiento y de capacidades de respuesta creativa.

Uno de los avances más importantes que han ocurrido en la gestión ha sido la flexibilización de los procesos que modelan su accionar. En su origen, se caracterizaban por un sentido marcadamente lineal, pero a estas alturas del juego existe un fuerte contraste; están influenciados de manera sustantiva por la filosofía en esencia recurrente y recursiva del Pensamiento de Diseño.

La influencia de esta disciplina ha significado que los métodos de gestión de la innovación, conteniendo distintas cantidades de fases, adquieran una estructura tipo espiral, donde los contenidos son desarrollados mediante dinámicas creativas tanto divergentes como convergentes, o de síntesis. A lo largo de estos ciclos, la naturaleza de la información generada posee directa correlación con el aumento en la comprensión del fenómeno abordado por parte de los equipos de trabajo y las comunidades involucradas en la intervención.

Los procesos de gestión guiados por el Diseño, altamente diversos y presentes en la literatura actual, tienen distintos números de fases, pero todos poseen ciertos patrones comunes que podríamos estructurar en tres etapas:

Etapa 1: Orientada a los objetivos, el sentido compartido de la intervención, y la identificación de una brecha entre una línea base y la deseada.

Etapa 2: Ciclos iterativos creativos y testeo en temas como búsqueda de necesidades (*Need-finding*), formulación de parámetros de diseño (*drivers*), prototipos de proyecto y solución.

Etapa 3: Ciclos recurrentes de inmersión de la solución en los rituales cotidianos de las comunidades objetivo.

En la naturaleza de nuestra cotidianeidad, podemos decir que todos los objetos que cargamos —tangibles como una silla, intangibles como nuestros conceptos— existen en nuestro mundo porque tienen lugar en nuestros rituales del diario vivir y sus ciclos. Si algo no se integra a nuestros rituales, simplemente, no existe. En esta dimensión de las realidades a intervenir por la gestión, han sido claves los aportes de la comunicología y la dramaturgia. Estas han permitido profundizar en la comprensión de las dinámicas humanas subyacentes a las iniciativas de transformación, tales como alineamientos estratégicos y procesos de innovación, entre muchas otras.

Por otro lado, según la naturaleza de las organizaciones, las dinámicas pueden poseer distintos grados de simbiosis entre sus procesos de generación de valor y los procesos sociales o culturales de las comunidades externas involucradas; ya sea a nivel de usuario o mediante otro tipo de vínculo local.

Por ejemplo, en un extremo se encuentran arquetipos de organizaciones que podríamos llamar del tipo "submarino". Estas generan productos cercanos a la naturaleza de *comodities,* fundamentalmente a gran escala. Son muy eficientes para la producción de productos de consumo masivo y bien toleradas, siempre y cuando no se hagan visibles en los medios de comunicación por conflictos con las comunidades aledañas. Entre estas, podemos reconocer aquellas del sector energético, minero, agroalimentario y de la madera, las cuales poseen un alto potencial de contaminación medioambiental. La gestión de procesos centrada en economías de escala es el centro de la toma de decisiones, de manera que la interacción con comunidades y la continuidad de sus estilos de vida se basa en una relación en esencia del tipo transaccional económica.

En el otro extremo, podemos identificar las empresas del tipo "yo soy". Estas son organizaciones cuya propuesta de valor es intensiva en significado; las personas sienten que su vida perdería parte importante de su sentido sin su existencia. Esto es debido al alto nivel de imbricación entre su propuesta de valor y los rituales de la cotidianeidad de determinados segmentos o comunidades. En general, las empresas del área de las tecnologías y la entretención se acercan a este arquetipo.

En las empresas del tipo "submarino", el campo subyacente Identiting está conformado por los relatos que habitan en su Cadena de Valor, la que a su vez opera en el sustrato inferior de la naturaleza, la Tierra. En este caso, la característica relevante del campo Identiting es que las dinámicas humanas del territorio donde habitan las comunidades y las dinámicas de la Cadena de Valor de la empresa, en general, no tienen ontogenias ni sistemas homeostáticos armónicamente convergentes.

En el caso de las empresas "yo soy", el campo subyacente Identiting opera con ciertos significados en el contexto de experiencias de usuarios, acompañadas de objetos —tangibles e intangibles— al interior de la comunidad objetivo. En este caso, el campo Identiting se caracteriza porque el sustrato de significados que subyace, tanto al modelo de negocios de la empresa como a la red vivencial de las comunidades usuarias, es altamente integrado.

Entre estos dos extremos, existen muchos arquetipos organizaciones/propuesta de valor, con sus campos Identiting en distintos grados de convergencia con la comunidad externa. En consecuencia existen, en cada uno de ellos, distintos niveles de complejidad en el desenvolvimiento de la gestión de significado, mediante procesos guiados por el diseño, la comunicología y la dramaturgia.

Puntos focales Identiting

Los puntos focales Identiting, son detonadores de autopoiesis y ontogenia vivencial a nivel de individuos y comunidades.

Veamos un ejemplo de punto focal individual. Si recordamos los arquetipos de estudiantes de ingeniería "aperrada", "regalona" y "turista", éstos han sido descritos de forma aproximada a las tres dimensiones del punto focal de identidad. Por ejemplo, un arquetipo "aperrada" tendría la siguiente estructura psicodinámica de punto focal:

i. Dimensión Mental: Las profesiones constituyen un ámbito de despliegue de la excelencia, un espacio donde el conocimiento y experiencia constituyen un estatus en calidad de activo primordial, que configura la forma de estar en el mundo. Las representaciones de su universo mental están regidas por una organización de contenidos altamente plástica y, por lo tanto, su autopoiesis de conocimientos mantiene una dinámica incesante. Es lo que podríamos describir metafóricamente como una "esponja" de conocimientos.
ii. Dimensión Psíquica: De naturaleza "aclanada", sus afectos están en su grupo familiar y en amistades selectas, ambos reducidos en número. La carrera es una forma de vida y las asignaturas del programa de estudios representan desafíos en etapas sucesivas, las que se extenderán también a lo largo de la vida profesional. Sus objetos son, en su mayoría, de colección y de recuerdos de etapas etarias y desafíos de distintos tipos. Su impulso para no perder tiempo en la carrera se debe su autonomía, pero también a la economía de su familia, ya que detesta ser una carga.
iii. Dimensión ritualística: Estudia en solitario, a menos que el encargo sea en grupo, en cuyo caso manifiesta una fuerte adicción a la sinergia de trabajo en equipo. Ahí despliega toda su capacidad creativa y conocimientos, en función de un resultado colectivo. Sus reuniones preferidas son aquellas donde se privilegia la conversación y la reflexión, más que temas coloquiales superficiales. Disfruta más de bailes del tipo clásico que de las nuevas tendencias.

Estas tres dimensiones han sido ampliamente utilizadas, a nivel instrumental, en la Escuela de la Comunicología de Santiago[35] desde principios de los 90, en el ámbito de las estrategias comunicacionales, bajo la denominación de "las 3C".

Las 3C se refieren a las dimensiones del punto focal identidad: cabeza (mente), corazón (psiquis), y cuerpo (rituales). Estas categorías han sido también parte del componente instrumental de numerosas iniciativas en el campo de la innovación de productos, servicios y experiencias turísticas[36] [37] aplicadas a organizaciones públicas, privadas, y a nivel de comunidades en territorios.

Las 3C describen un punto focal constituido por una persona o comunidad en un contexto social. Ellas configuran, en calidad de ADN vivencial, la naturaleza del vórtice de significados locales integrados en el campo Identiting. En este sentido, las 3C constituyen una representación de punto focal del campo Identiting de una persona o comunidad. Es de fácil desarrollo, tanto para profesionales como para emprendedores con o sin conocimientos formales de gestión y métodos de investigación social; incluso para personas analfabetas.

Por ejemplo, Erick Ciravegna[38] propone una dinámica centrada en el componente "cuerpo" si vemos el punto focal en "modo 3C". De esa manera, su método se orienta hacia la comprensión en profundidad de los dolores y motivaciones reales de cada persona, mediante la dramatización proyectual.

35 https://fundacioncomunicologia.com

36 https://www.kintaxion.cl/wp-content/uploads/2020/07/MESO.pdf

37 https://www.lipuc.cl/

38 Ciravegna, E. (2019). DesignDrama: dramatización del proyecto como metodologías person-centered. Design Talks, School of Engineering and Architecture, University of Bologna, Italia.

Otra propuesta de punto focal relevante ha sido la herramienta ontológica CLEHES© (Cuerpo-Lenguaje-Emociones-Historia-Eros-Silencio), que se ha aplicado en la formación de estudiantes de educación superior en Chile: "Los reportes escritos de los estudiantes y su posterior práctica docente y académica, nos permiten plantear que este programa conserva y cambia la perspectiva de la convivencia, permite a los estudiantes observarse como coautores de ella con capacidad de gestionar sus interacciones y sus incompatibilidades de CLEHES (conflictos, violencia) y proponer diferentes conversaciones".[39] Esta herramienta induce un proceso de autobservación del punto focal. A partir de este, se abren ventanas de oportunidad a través de las que es posible "enactuar" un universo experiencial novedoso, con capacidades de acción en el contexto de una red o campo CLEHES.

A nivel de comunidades, también con una naturaleza psicodinámica, se han modelado puntos focales organizacionales a través de flujos colectivos de significados.[40] Según estos autores, las contradicciones y fragmentaciones de la identidad organizacional tienen su origen en el efecto ponderado de al menos cinco factores:

1. "Identidad enunciada (*professed*): se refiere a lo que un grupo u organización enuncia acerca de sí mismo. Son las respuestas, planteamientos o pretensiones con que los miembros de la organización definen su identidad colectiva.

39 García D., Saavedra M. (2016). Una herramienta ontológica y enactiva para la educación en gestión de convivencia. Orientación y sociedad. Versión On-line I SSN 1851-8893. Orientac. Soc. vol.16. La Plata. Argentina. Departamento de Industrias de la Universidad de Santiago de Chile.

40 Moingeon B., Soenen G. (2002). Corporate and Organizational Identities. Ed. Routledge.

2. Identidad proyectada: se refiere a los elementos que una organización usa para presentarse en audiencias específicas, de maneras más o menos controladas. Generalmente consiste en comunicados, conductas y símbolos. La diferencia entre la identidad enunciada y la proyectada es que esta última es mediada.
3. Identidad experimentada (*experienced*): se refiere a lo que los miembros de la organización experimentan en forma más o menos consciente respecto de la organización. Corresponde a la representación colectiva sostenida por los miembros. Esta ha sido conceptualizada también como creencias cognitivas compartidas, mapas cognitivos colectivos o estructuras colectivas inconscientes. También se ha definido como una forma local de representación social, en el sentido de que es la noción de identidad que tienen los miembros de la organización respecto de la característica que es central, permanente y distintiva.
4. Identidad manifestada: se refiere al conjunto muy específico de elementos que han caracterizado la organización en un período de tiempo. Puede ser concebida como la identidad "histórica" de la organización.
5. Identidad atribuida: se refiere a los atributos con los cuales las distintas audiencias identifican la organización. Se diferencia de la identidad experimentada en que esta es auto-atribuida".[41]

Esta perspectiva ha sido ampliamente utilizada en procesos estratégicos de organizaciones y comunidades, bajo la nominación "5i".

El punto focal, cualquiera sea su modelamiento, constituye los parámetros iniciales de una ontogenia Identiting. Desde esta perspectiva, es una especie de ADN que abre líneas espacio/tiempo experienciales, individuales y colectivas.

---

41 Traducción libre del autor.

La ontogenia Identiting

La ontogenia, en su aspecto visible, es un guion configurado bajo los parámetros de un punto focal determinado.

La parte invisible de la ontogenia es el campo subyacente, que condiciona los eventos que ocurren en la cotidianeidad y, de manera más profunda, gobierna la organización de ese guion del día a día. Así como el comportamiento de los órganos del cuerpo humano está regido por las dinámicas del campo molecular, la ontogenia individual y colectiva está gobernada por el campo Identiting. Ese campo cierra el ciclo de realimentación homeostática. En consecuencia, condiciona la estructura del bosque de objetos —tangibles e intangibles— que llevamos momento a momento, con mantención de la organización; esta es la autopoiesis social y cultural que sentimos como identidad en nuestra cotidianeidad.

En este sentido, identidad es autopoiesis en un flujo de tiempo lineal, donde opera una cierta organización de significados en resonancia con el campo Identiting. En esta deriva, los seres humanos experimentamos esa resonancia en términos de un proceso co-creativo continuo, donde esa regularidad en la organización nos ofrece certezas, como en el caso de nuestras "zonas de confort". Gran parte de la energía invertida en nuestro proceso creativo del día a día, es utilizada en la mantención de esas zonas regularmente estables.

En ese proceso co-creativo, tendemos a buscar dioses que nos aseguren regularidades; ahí surgen nuevas oportunidades. Entre ellas, la gestión constituye un sistema cuyo principal desafío consiste en proponer procesos de diseño de situaciones futuras con algunas certezas, en un contexto actual donde emerge con fuerza la economía de la atención. Desde este *situs* del conocimiento multidisciplinario, se manifiestan nuevas formas de organización del proceso creativo, las cuales han ido tomando forma en distintas instancias a nivel global. Esas nuevas dinámicas emergentes pueden ser sintetizadas, desde la praxis, mediante una "espiral Identiting".

7. Identiting en acción

"Ningún problema puede ser resuelto en
el mismo nivel de conciencia en el que se creó".
Albert Einstein

El punto focal, la ontogenia y la espiral Identiting

Las dinámicas sociales de la economía de la atención han puesto en evidencia la forma en que opera el punto focal, condicionando paramétricamente una cierta deriva de contenidos del universo de objetos, así como las acciones que realizamos.

Este fenómeno emergente ha catalizado nuevas formas de hacer gestión no solo en el plano de la atención, debido a lo pantanoso de ese territorio por su dualidad consciente e inconsciente. No son tan eficaces los esfuerzos de la gestión que se realizan en el mismo nivel donde ocurre la atención, porque ella obedece a condicionantes que habitan en las profundidades fenomenológicas de la conciencia y la identidad. Podemos reconocer esta noción en el film "El Origen", donde se describe el efecto de un punto focal parametrizante, en la deriva de la atención de un ser humano en una línea espacio/tiempo determinada.

En consecuencia, la gestión ha buscado organizar y desplegar de manera consciente aquel proceso que posee en su organización, por un lado, un punto focal y, por otro, una ontogenia alineada con un campo Identiting determinado. En este sentido, el ámbito de encuentro entre la gestión y el campo Identiting ha sido el proceso creativo.

Como ya ha sido enunciado sucintamente, la gestión de procesos creativos en el contexto de la innovación ha configurado, en general, tres tipos de dinámica: i) la definición de ciertas referencias o propósitos; ii) la creación de soluciones, en base a isomorfismos que generan convergencia entre los distintos actores involucrados, y iii) la precipitación de una nueva cotidianeidad con la creación incorporada.

Las distintas formas que ha tomado la organización de los procesos creativos se caracterizan por su inclinación, en distinta medida, hacia alguno de los componentes del punto focal. Por otro lado, en cuanto a la ontogenia, su organización típica se caracteriza por un guion y un sustrato dinámico de significados, que hemos llamado campo Identiting. Por lo tanto, tenemos la tríada: persona o comunidad, punto focal, y campo Identiting.

En la interacción entre el guion y el campo Identiting surge esa "comunitextura", que se hace visible en los rituales cotidianos a través de los relatos. En este contexto, los métodos existentes suelen caracterizarse por buscar una transformación de la ontogenia con orientación hacia las distintas capas de la realidad humana, las que pueden ser: i) la comunitextura, ese entramado de relatos que cada persona se cuenta a sí misma y a otros; ii) los guiones colectivos e individuales, o iii) los significados del campo Identiting subyacente.

De esta forma, la organización general de los procesos creativos puede ser sintetizada en términos de dinámicas que buscan transformar realidades; estas son: *intencionar, magnetizar* y *ritualizar*. Esa es la "espiral Identiting".

Intencionar

La dinámica *intencionar,* busca instalar un punto focal determinado mediante la identificación de un propósito y la estrategia para lograr ese resultado.

El aspecto que caracteriza la acción creativa es la búsqueda de transformaciones en sistemas complejos. La complejidad, en este caso, está caracterizada por múltiples actores y agendas que, en muchos casos, presentan distintos grados de fragmentación. Estas pueden evidenciar puntos focales divergentes, colisiones entre rituales, relatos antagónicos y campos Identiting atomizados en sub-segmentos de actores.

En este contexto, la configuración previa de la transformación deseada y factible, resulta ser un elemento clave para cualquier punto focal en las etapas de parametrización de las iniciativas de cambio.

En la configuración situacional, un aspecto central del arreglo metodológico es la transformación (T). Esta hace referencia al movimiento adaptativo que se gesta en el interior de un sistema, producto de algún nuevo curso de acción planteado desde algún nivel estratégico. Esta mirada tiene su origen en el "Pensamiento de Sistemas".[42]

Dentro de la lógica de gestión de un sistema, la transformación (T) está estructurada por dos matrices relevantes: el "estadio A" (la situación base), y el "estadio B", (la situación final factible y deseable). Desde el punto de vista Identiting, el estadio A es una situación presente-presente, y la B es otra futuro-presente. Cada matriz refleja la cotidianeidad del momento.

En términos prácticos, A y B son matrices compuestas por las "Raíces Relevantes", que también forman parte de la metodología *Soft Systems Thinking* de Checkland. Estas explican la naturaleza de la situación sujeta a cambios y constituyen una forma posible de modelar los hilos que conectan la situación A con la B, es decir, la estrategia.

Por ejemplo, en la estructura de una política pública de alfabetización en prácticas sanitarias, las Raíces Relevantes pertinentes podrían ser: i) RR 1 de Punto Focal, existe un

42 Checkland, Peter, and Ji Scholes. (1990). *Soft Systems Methodology in Action*. Chichester, West Sussex, UK.

virus que es altamente contagioso, eventualmente mortal y que puede ser controlado; ii) RR 2 de Ritual, es de responsabilidad individual tomar medidas que eviten el contagio, y iii) RR de Campo Subyacente, la medida de control de prioridad 1 es de orden químico, mediante vacunas que generan inmunidad. Si estas tienen efectos secundarios, son mínimos en comparación con el efecto del virus.

No todas las Raíces Relevantes tienen que ser necesariamente de punto focal, ritual o de campo; eso depende de cada caso.

Como la estrategia se focaliza en las Raíces Relevantes, en un sentido homeostático, el estado de cada una refleja la sintomatología del planteamiento estratégico aplicado en la iniciativa. En este sentido, un conjunto de indicadores claves debe dar cuenta de la deriva que manifiestan las Raíces Relevantes.

Desde una perspectiva integrada, el cambio de estado del sistema genera un estrés natural que altera el equilibrio homeostático; por lo tanto, los tomadores de decisiones observan con detención al menos tres dimensiones donde se sitúan los indicadores asociados a los factores críticos de éxito de una estrategia:

- Eficacia: La medida en que los medios realizan la transformación (T). Por ejemplo, en iniciativas de alfabetización de la población respecto de alguna práctica sanitaria. Los indicadores de esta dimensión entregan información del funcionamiento de la metodología, instrumentos y herramientas utilizadas en la estrategia comunicacional para llegar al estadio B de ritualización de ciertas capacidades o competencias relacionadas con un cuidado sanitario efectivo. Este tipo de indicadores permite evaluar los medios utilizados en la estrategia.

- Eficiencia: Se refiere a la cantidad de *output* con respecto a la cantidad de recursos que se utilizan para lograr la transformación. Generalmente se asocian a lógicas de optimización (max. y min.) abordadas por los algoritmos. En su mayoría, son de tiempo/costo y volumen de recursos utilizados en función de resultados intermedios y finales.
- Efectividad: la medida en que se logra el estadio B y, al mismo tiempo, si la transformación en curso sigue siendo coherente con los objetivos estratégicos planteados. Muchas veces, las fases iniciales de *Need Finding* generan información, que permite profundizar en las situaciones A y B en función del estado de las agendas reales de los distintos actores involucrados.

El Pensamiento de Diseño tiene un rol clave en la configuración del punto focal, ya que mediante ciclos co-creativos recurrentes, asegura que componentes como la situación a intervenir, la transformación y las Raíces Relevantes constituyan una realidad de consenso a ojos de las comunidades involucradas y los equipos de trabajo. La actividad típica de esta fase es *Need Finding,* en el contexto de la co-creación colectiva basada en *Boards* de representación intermedia de contenidos, ya sean físicos o digitales del tipo Miro.[43]

En consecuencia, los productos clave del intencionar son el propósito, la ruta crítica, las Raíces Relevantes, las matrices de la transformación (T), las representaciones intermedias o prototipos del sistema de intervención —proyecto y solución—, y el set de indicadores.

43 Miro es una plataforma interactiva, que habilita el trabajo co-creativo distribuido de equipos de trabajo.

Magnetizar

El sentido de este flujo consiste en unificar intención y voluntades de un colectivo humano, mediante la convergencia de significados.

Desde la gestión Identiting, *magnetizar* corresponde al impulso de una dinámica que busca la convergencia de una persona o comunidad con un campo Identiting determinado, mediante el uso de isomorfismos de complejidad equivalente a la que posee la transformación.

El requerimiento de complejidad equivalente se deriva de la ley de la cibernética "variedad absorbe variedad".

Si observamos en una organización o comunidad relatos polifónicos y agendas divergentes entre grupos, nos preguntamos, ¿cuál es el origen de esta divergencia? Percibimos en lo superficial distintas agendas, pero también un velo que invisibiliza las verdaderas motivaciones personales.

Dentro de esta nebulosa de contenidos, podemos dar cuenta de los contenidos de los puntos focales existentes y las parcelas divergentes del campo Identiting presentes en la cotidianeidad. Por lo tanto, podemos concluir que una iniciativa que posee un alto grado de magnetización es aquella donde existe convergencia en al menos tres componentes claves: i) un punto focal con alto grado de unificación, ii) un campo Identiting que integra los relatos de las diferentes comunidades o grupos, y iii) una correlación positiva entre el punto focal y el campo Identiting.

¿Cómo se modela el campo Identiting en estos casos? Aquí entran en juego los isomorfismos. Se requiere de una representación intermedia, que permita lidiar con la complejidad de esa realidad desde la gestión. Desde esta perspectiva, se trata de isomorfismos ontogénicos, ya que su función es la representación de una deriva adaptativa de una organización o red de valor.[44] Se puede hacer una analogía interesante de un campo Identiting con un panal de abejas. Estos imprescindibles insectos realizan un conjunto de rituales claves sobre un sistema de celdas hexagonales. Si cambiamos las celdas por una Cadena de Valor, y a las abejas por seres humanos, el resultado es un campo Identiting similar.

Recordemos que un campo posee una estructura en capas, como el universo cuántico. En consecuencia, el campo Identiting es también un sistema de capas.

Las capas del campo Identiting requieren de mapas; modelos de realidad que permitan realizar la actuación en el lugar donde ocurre la convergencia del universo de rituales, tanto de la comunidad interna de una organización como de la comunidad o segmento de usuarios.

Como es natural, las capas del campo Identiting pueden ser más o menos profundas, en función de la naturaleza de la comunidad que estemos fijando. Para el caso de la gestión organizacional, resulta eficiente profundizar hasta el sustrato subterráneo, que ejerce el mayor poder configurador sobre la comunitextura del día a día. Es decir, aquel sustrato que moldea con mayor fuerza los relatos e intercambios de la comunidad interna en la cotidianeidad.

Por ejemplo, en organizaciones públicas y privadas, un tipo de modelamiento clásico de ese sustrato subterráneo son las representaciones de los procesos de creación de valor, como Canvas o la Cadena de Valor. Ellas son útiles, incluso combinadas, aunque desde la perspectiva Identiting cada una posee contextos con mayor potencial para el manejo de la complejidad.

---

44 Red de Valor, es un conjunto de actores que generan una propuesta de valor en calidad de una empresa, entidad, red de empresas o red de un territorio productivo. La propuesta de valor puede ser un producto, servicio y/o experiencia turística.

La Cadena de Valor es una representación eficiente en dos sentidos. El primero, en casos donde el proceso de creación de valor es altamente estructurado, como en empresas del sector minero o vitivinícola, entre otros. El segundo ámbito está en el modelamiento del encadenamiento en sectores productivos; en este caso, la Cadena de Valor de cada empresa en particular es estructurada, pero la interconexión entre entidades agrega complejidad al sistema por considerar la presencia de otros componentes como intermediaciones, agentes reguladores y servicios conexos como la logística.

Por otro lado, Canvas posee una alta eficiencia en el modelamiento de campos Identiting, donde el sistema generador de valor tiende hacia el tipo "red". Entre estos casos, están las empresas de productos con alta carga de significado —como las del tipo "yo soy"—, las empresas de servicios y las entidades públicas.

En la perspectiva Identiting, lo relevante de Canvas es la orientación ritualista de sus componentes. Por ejemplo, el subconjunto de bloques de propuesta de valor, segmento de mercado, relación con el cliente y canal, configuran un espacio de rituales conjuntos entre la organización y el cliente, con altos grados de personalización en el intercambio. Aquí ocurre la entrega de la propuesta de valor y la retribución asociada. Desde el punto de vista del Diseño Estratégico, esta zona del modelo puede ser denominada "Zona Cool del Canvas".

En el campo Identiting ocurre un entramado de rituales, que materializan el margen del negocio para el caso de la Cadena de Valor y la retribución en la Zona Cool del Canvas.

En consecuencia, la gestión responde a la homeostasis, es decir, a la coherencia de los rituales en relación con dimensiones de viabilidad de la organización. Una de ellas es el estándar[45] de resultados del margen y del ingreso por ventas del negocio. Otra dimensión determinante en la viabilidad de la organización, en el contexto de la economía de la intención, es el significado que proyecta la organización hacia el interior del segmento de clientes o tribus de usuarios.

En la perspectiva Identiting, el nivel de coherencia entre los rituales y la viabilidad de una organización se relaciona con el grado en que sus propios rituales comparten espacios efectivos con los de la comunidad usuaria, clientes y comunidad en general. En consecuencia, el nivel de magnetización de una iniciativa del tipo proyectual o de adaptación organizacional tiene directa relación con el nivel de convergencia entre ambos universos, ritualista y de significados.

Los productos claves del magnetizar son: i) el isomorfismo ontogénico dinámico, que es el prototipo representativo del campo Identiting (el panal de abejas). Eso incluye el levantamiento de los rituales claves que tienen relación con la cotidianeidad y la transformación (T); ii) el prototipo o maqueta de la solución; iii) la estrategia comunicacional o construcción de comunidad, y iv) la identificación de significados claves, que obstaculizan o facilitan la transformación (T).

Un resultado clave del magnetizar es que convierte la iniciativa en una especie de tótem tribal, el cual tiene el poder de plasmar comunidad. Una dinámica relevante, que moldea relatos, es la estrategia comunicacional integrada. Esta se materializa en una parrilla de instrumentos comunicacionales, canalizados a través de distintos formatos para distintos tipos de actores.

45 Cada negocio tiene un rango típico de rentabilidad, dependiendo del sector.

Ritualizar

Una realidad precipitada, es una red de cotidianeidades intensiva en interacciones, con significados asumidos de manera consciente por una persona y una comunidad. En este contexto, los términos ritual, guion y acción, tienen significados análogos en cuanto a la configuración del fenómeno "experiencia".

La ritualización contiene, al menos, tres dimensiones claves: i) ocurre en un *setting*, un conjunto de condiciones físicas concretas; ii) la experiencia transcurre dentro de un intervalo acotado, y iii) existen bordes operacionales entre los distintos actores; esto se refiere al tipo de relación, como amigos, jefe o colegas, entre otros.

Un guion es una línea de espacio/tiempo, un conjunto de presentes moldeados consciente e inconscientemente por el campo Identiting. En el contexto de un proceso de gestión, *ritualizar* ocurre en una deriva experiencial configurada por la transformación (T); por este motivo, también se describen los nodos referenciales matriz A y matriz B, en calidad de guiones presente/presente y futuro/presente, respectivamente.

Un campo subyacente, representado mediante un modelo del negocio o una Cadena de Valor, posee un efecto sustantivo en los guiones cotidianos de una organización. Ese campo determina la naturaleza de la ritualización: los bordes operacionales y experienciales en la comunitextura de relatos, los tiempos y ciclos, y los *settings*.

¿Cómo se modela el conjunto de presentes si pueden llegar a ser infinitos?

En un sentido teleológico, indexado a la transformación (T), el futuro/presente B es el puerto de destino, independiente de las tormentas cuánticas del camino. De esta manera, en un sentido creativo de guion dramático, el diseño de la ruta crítica de la iniciativa tiene su inicio en el futuro/presente B.

En la programación de una iniciativa, el futuro/presente B tiene una condición de punto focal inverso, ya que define la naturaleza de la ruta crítica, solo que en flecha temporal de futuro a presente. Por lo tanto, la ruta crítica está constituida por una serie discreta de presentes claves que producen el futuro/presente B. En general, estos no suelen ser más de diez nodos críticos, incluyendo el estadio presente/presente A.

Lo demás es estrategia de relatos y guiones, es decir, especialidades, tótems y comunidad. Esto implica, en términos de gestión de proyecto, una Gantt del tipo técnico y otra del tipo comunidad, comunicación y política.

Las ontogenias innovativas emergentes tienen diferentes niveles de intensidad según los componentes de la espiral Identiting. Se observan distintas ecualizaciones, en función del grado de consolidación del campo Identiting involucrado. Recordemos que esta espiral tiene una dinámica recurrente, de manera que no hay una secuencia estricta en el intencionar, magnetizar y ritualizar. Los sistemas siempre están en una deriva, de manera que las iniciativas se suben a una ola en movimiento. Puede ocurrir, en casos extremos, una ritualización inicial de algunos guiones específicos, antes que el intencionar o magnetizar.

Identiting y la innovación de producto

Un producto, es un objeto físico con un rol concreto dentro de ciertos rituales de la cotidianeidad, tanto en la ciudad como al interior de nuestras viviendas, y *settings* organizacionales o institucionales. Un objeto adquiere la condición de producto cuando ha sido partícipe de una dinámica de transacción.

En la disciplina del Diseño, se ha definido el rol del objeto en términos de su función en los distintos rituales humanos. Los objetos que tienen un rol operativo son aquellos que cumplen una cierta función, como el caso de una aspiradora. Por otro lado, existen los que cumplen un rol estrictamente simbólico, como un anillo de matrimonio. Entre estos dos extremos existen matices; por ejemplo, una mesa cumple un rol operativo, pero también puede tener una estética con alta carga simbólica.

En este contexto, el *Politecnico di Milano* dio origen a la "Innovación de Significado" *o "Innovation Design_driven"*, la que se refiere, en el caso de productos, a una intensificación del significado en los objetos. El modelo que han aplicado en los procesos innovativos es el "sistema producto", que configura tres dimensiones: i) el producto, ii) la comunicación, y iii) el servicio. Este modelo ha sido transducido a la realidad productiva latinoamericana[46] mediante un sistema producto compuesto por cuatro elementos: i) el producto o servicio, ii) el relato, iii) la constelación de productos/servicios, y iv) la Cadena de Valor o sistema logístico.

El proceso de innovación ha consistido en la transducción del patrimonio natural y cultural de un territorio en valor de significado del producto. Este se manifiesta, a su vez, en la forma y rol del producto en rituales cotidianos de tribus (o segmentos de mercado), y también dentro del contexto de guiones turísticos.

En la práctica, la innovación de producto busca un alto nivel de simbiosis entre la identidad de una tribu (o segmento de mercado) y el significado del producto; el punto

46 Mollenhauer, K y Hormazábal, J. (2013). Clusters Innovativos en un territorio: modelo Design_driven para la generación de propuestas de valor. Revista Diseña Nº 6, de la Facultad de Arquitectura Diseño y Estudios Urbanos de la Pontificia Universidad Católica, pg. 70 a 81.

de encuentro entre ambos elementos ocurre en el campo Identiting subyacente.

Identiting y la innovación de servicios

En esencia, la innovación de servicios es el arte de la interacción entre guiones. Si recordamos la "Zona Cool del Canvas", entre esos componentes del modelo de negocio se lleva a cabo el "ciclo de atención del usuario". Este ciclo no está solo en empresas privadas, también se encuentra en instituciones de bien público.[47]

En el ciclo de atención del usuario hay dos guiones involucrados: el de la persona o plataforma en el *front-end,* y el usuario, o comunidad. Ambos tienen tramos donde convergen en un solo guion integrado, además de otros segmentos donde cada uno tiene procesos individuales. En las zonas de guion integrado, hay una diversidad de puntos de contacto donde suelen ocurrir colisiones, originadas por la presencia de un campo Identiting inconexo o fragmentado, lo que da origen a eventuales quiebres en el proceso. En este tipo de casos, el campo Identiting está compuesto por una Cadena de Valor o Canvas, el ciclo de atención, y los rituales individuales del usuario o comunidad, vinculados al tipo de servicio.

En la innovación de servicios en instituciones públicas, el campo Identiting puede ser representado por un isomorfismo del tipo "sala situacional". Este constructo de información en capas es un sistema que contiene distintas dimensiones, de acuerdo a la realidad del usuario o comunidad objetivo. Por ejemplo, para el caso de políticas públicas orientadas a seguridad o salud en territorios comunales, la

47 Figueroa, B; Mollenhauer, K; Rico M: (2016). Diseño de Servicios al servicio del sector público. Caso FONDART. Congreso Intersecciones 2016, Universidad Católica de Chile, Santiago de Chile.

sala situacional contiene dimensiones claves del tipo "Raíces Relevantes" en capas, tales como: deserción escolar, cuadrantes socioeconómicos, emprendimiento, fenómenos específicos (por ejemplo, embarazo adolescente) y drogadicción, entre otras. Muchas políticas públicas manifiestan un grado sumamente limitado de efectividad, debido a una sala situacional demasiado simplificada.

Identiting y la innovación de experiencias

La innovación de experiencias es el arte de "vivir un territorio" físico o síquico. En este sentido, la innovación consiste en la intensificación emocional de un guion.

En el caso de territorios físicos, esta intensificación experiencial ocurre mediante la transducción del patrimonio natural y cultural de un territorio en contenidos que son relevantes para distintas tribus; por ejemplo, en el contexto del turismo de intereses especiales. En este sentido, Pine y Gilmore proponen niveles experienciales en el contexto de la "economía de la experiencia".[48] Una propuesta de valor es experiencial cuando posee una carga de significados con alto nivel de *memorabilidad*. Por ejemplo, a nivel funcional, el agua representa un elemento de necesidad básica, de sobrevivencia; pero si recibimos agua que proviene de una vertiente en las altas montañas, que además pasa por un manto de cuarzo, esta adquiere alta significación para una tribu consciente del poder energético de ese tipo de cristales.

En consecuencia, el agua sube escalones de valor entre un elemento funcional, una experiencia y un nivel superior de transformación, como el caso del agua cargada energéticamente.

48 Pine J., Gilmore J. (2001). La Economía de la experiencia. Ed. Granica.

Para el caso del escalón de la transformación, el territorio también puede ser intangible, como en el caso de programas esotéricos y procesos de cambios de frecuencia energética del sistema celular. Muchas veces, pueden ocurrir combinaciones entre territorios físicos e intangibles en una experiencia o transformación.

En el caso de la economía de la experiencia en un territorio físico, estos autores proponen un sistema experiencial compuesto por cuatro dimensiones: i) entretenida, ii) educativa, iii) estética y iv) escapista (ser un personaje por un rato).

Este sistema experiencial puede resultar más o menos intensivo, dependiendo de la forma en que se ecualicen estas cuatro dimensiones en un guion turístico. Por ejemplo, un turista del hemisferio norte, cuando le salta una gota de barro al bluyín en una experiencia al sur del mundo, podría sentirse como Indiana Jones descubriendo el arca perdida. Sin embargo, cuando se va a dormir, espera que la cama tenga ciertos patrones higiénicos similares a su estándar cultural. En este sentido, la ecualización depende de la tribu objetivo.

En la localidad de Morros, Colombia,[49] se ha llevado a cabo una iniciativa donde han concurrido productores locales, profesionales y autoridades en torno a la creación de valor de productos, servicios y experiencias. En base a productos de origen natural, se ha creado una diversidad de sistemas productos y una ruta turística local. En este caso, las representaciones de campo Identiting han sido los mapas de patrimonio natural y cultural, junto con el diseño de guiones turísticos locales y una Cadena de Valor inspirada en el "bodeguero del campo".[50]

49 Santos M. (2019). Experiencia Creativa Rizoma-Morros, Colombia.
50 Red para la comercialización de productos agrícolas creada por Daniel Céspedes, Sebastián Santos, Vanesa Roczek y Adolfo Botero. Colombia.

En la asignatura de Diseño Estratégico del Magister de Diseño para los Territorios,[51] se han realizado procesos de innovación de experiencias basadas en el patrimonio natural y cultural de distintos territorios de la provincia, vinculadas al fomento productivo, el emprendimiento y la innovación de significado. En estas aplicaciones concurren al menos cinco factores críticos: i) el mapeo del patrimonio con fines experienciales o de transformación; ii) la configuración de significados relevantes del territorio y su simbiosis con tribus relevantes; iii) el diseño e implementación de guiones turísticos, y iv) la gobernanza del sistema en el territorio.

En estos casos, los isomorfismos del campo Identiting aplicados por estos profesores han estado constituidos por mapas territoriales en las capas de política local, cultural, económica productiva y físico ambiental. Por otro lado, los estudios definen Raíces Relevantes de valor económico, social, cultural y experiencial, que atraviesan esas distintas capas del mapa territorial. En estos casos, la estrategia de intervención también ha sido formulada en términos de la transformación, junto a los indicadores críticos de proyecto.

51 Profesores Luis Sarale y Adolfo Marchesini (El Flaco). Ambos profesores de la Unidad de Diseño, de la Universidad Nacional de Cuyo, Mendoza, Argentina.

8. Huellas en el agua

"...Caminante no hay camino,
sino estelas en la mar".
Antonio Machado

Imaginemos un futuro en el que la especie humana es capaz de percibir e interpretar conscientemente ondas resonantes provenientes del campo cuántico. Antes, lo hacía mediante dispositivos tecnológicos capaces de transducir el espectro de frecuencias en patrones comprensibles, de manera análoga a la representación expresada en la película *The Matrix*; pero llegó un momento en que las puede distinguir sin herramientas.

Con esta capacidad, también se disipa el miedo apocalíptico al control de la humanidad por parte de sistemas cibernéticos inteligentes, porque las máquinas nunca podrán acceder allí. En consecuencia, el destino del ser humano todavía depende de su propia evolución. En otras palabras, de la evolución de su sistema de percepción.

Es probable que en ese futuro se hable de etapas históricas del sistema de percepción humana, más que de sucesos históricos encadenados linealmente. Veamos las huellas de los tiempos...

Un primer signo que evidencia cambios en la gestión se ha relacionado con la "economía de la atención", donde el monto de *likes* resulta ser una especie de capital para operar en un contexto, donde un ser que percibe está constituido por esa misma realidad. El que hace un *like* a algo o a alguien está, en último término, haciéndose un *like* a sí mismo en relación con algún significado oculto en su propia identidad.

El ser que percibe está conectado momento a momento con un universo de significados, que fluye dinámicamente en un campo subyacente que hemos llamamos "Identiting". Este se mueve como si fuera una inmensa napa de agua bajo sus pies. Desde ese sustrato extrae significados, como un verdadero imán. El observador mismo es una onda resonante, porque su imán es su naturaleza resonante, en ontogenia con aquel campo.

Se puede decir que la palabra *mercado* se aplica a un mundo donde el observador es inconsciente de las dinámicas humano-campo Identiting; un espacio donde solo percibe la punta del iceberg, esto es, la transacción económica.

Una segunda huella de cambios tiene relación con una gestión actual, que tiene que ver con la forma en que el campo Identiting le sugiere al ser humano cómo percibir. Este es un puzle que se resuelve, en principio, identificando puntos focales Identiting y su componente mental, psíquico y ritualístico, que en la práctica se ha denominado "3C" (cabeza, corazón y cuerpo). Nunca vamos a saber qué pasa en el acoplamiento estructural de un ser humano ni de una comunidad al interior del campo Identiting, pero lo que podemos conocer es su parte visible, que son las 3C. Dicho de otra manera, las propuestas de valor se miden en relación con su poder de ritualización.

Una tercera huella paradigmática en la gestión es la identificación de un campo mórfico vivencial subyacente, que cierra el ciclo homeostático de colectivos humanos y actúa con las propiedades de un campo Identiting subyacente. En el caso de las organizaciones, tanto públicas como privadas, se puede modelar en términos de la clásica Cadena de Valor y el Canvas, o modelo de negocio. Sobre ese campo subyacente opera una deriva, un guion vivencial que se puede visualizar como tres hebras en movimiento, que son las 3C.

El movimiento de estas hebras es un proceso creativo continuo, que asiste al ser humano individual y colectivo en todo momento. En esta deriva, el ser humano crea realidades mediante una dinámica del tipo espiral Identiting de tres momentos: *intencionando, magnetizando y ritualizando.*

La gestión, asistida por el Diseño, ha creado instrumentos y herramientas para operar en cada uno de estos momentos de la espiral creativa, donde también ha sido clave el aporte de la Comunicología y la Dramaturgia. Como se puede apreciar, el movimiento general en la gestión es que se ha hecho más sistémica.

En este nuevo camino, aunque la gestión jamás podrá ver de manera directa las huellas en el agua, sí puede operar con las ondas resonantes que ellas producen.

www.ingramcontent.com/pod-product-compliance
Lightning Source LLC
LaVergne TN
LVHW040949150826
845672LV00002B/605
* 9 7 8 9 5 6 4 0 9 1 0 1 3 *